教師3年目までに身につけたい！

子どもが動く叱り方のルール

城ヶ崎滋雄 著

学陽書房

はじめに

本書は、教師になられたばかりの読者の皆さんに向けて、叱り方について書いたものです。

言うまでもなく、叱るとは、力のある者からない者への行為であって、学校現場においては、担任教師から子どもへの行為となるのがほとんどです。となると、「教師が威厳を保ち、正義をもって叱れば、子どもは素直に従う」ことの具体的方法をお伝えするのが自然かもしれませんが、残念ながら、本書はそのようなイメージで叱る方法をまとめてはいません。

「では、どうやって叱るの？」と疑問に思われた読者の先生方、「叱るとは……」と定義してみてください。私自身は、「望ましい行動変容への動機付け」と定義しています。「動機付け」とは、つまり「きっかけづくり」であり、「背中を押してあげる」ことです。改めるかどうかは子どもに任せ、そうなるように力強くいざなっていくことです。

そのためにも、教師はまず傾聴することです。体を傾けて聴くことです。ご自身の叱る場面を思い出してみてください。叱るとき、正対してはいないでしょうか。正対は、対立という構図となり、子どもを無意識に身構えさせてしまいます。それに対して、体を傾け、意識して耳をしっかり傾けていく姿勢をとれば、確実に子どもの受け取り方は異なります。

また、「聴く」は「きく」ですが、「聴す」は何と読むでしょう。「き・す」、「ちょう・す」ではありません。案外、身近な読み方です。「聴」は神のお告げを理解できる聡明な人の「徳」を表した文字と言われ、相手にまっすぐ耳を傾ける姿から、まっすぐ耳を傾けて聞き取るという意味があります。さあ、「聴す」の読み方がわかってきましたか。「聴す」は、じつは「ゆるす」と読みます。「ゆるす」には、「許す・赦す・釈す・恕す・宥す・弛す」などがありますが、字源から「聴す」は聴いてから「許す」、まずは聞き方が重要だということがわかります。

一方で、叱ることには「厳しさ」や「毅然」などというイメージがつきものですが、本書で紹介する「叱る」は「聴（ゆる）す」を根底としています。教師が聴（ゆる）すことで、子どもは叱りを素直に受け入れ、心を動かし、言動が動く（変わる・成長する）ところへとつながっていくのです。そして、それはさらに高い志を育てていきます。

前述したように、「叱る」とは、望ましい言動を促す動機付けです。正しく叱れば、それが子どもたちにちゃんと届き、正しく導いてもらったと感謝されるはずです。また、「叱られる」とは、気にかけられ、関心をもってもらっているという安心感を子どもたちに抱かせます。

子どもたちが心を動かし、言動を動かしていく、そんな叱り方を、本書を参考に、先生方の日々の教室で実践していっていただければ幸いです。

城ヶ﨑 滋雄

CONTENTS

まずはここを押さえる！ 叱り方の基礎・基本

自信をつけるカギはここ！叱りの土台づくり

CHAPTER 3

ちゃんと伝わる！学校生活場面の叱り方

落ち着き・集中を引き出す！授業場面の叱り方

CHAPTER 5 子どもも納得！友だち関係の叱り方

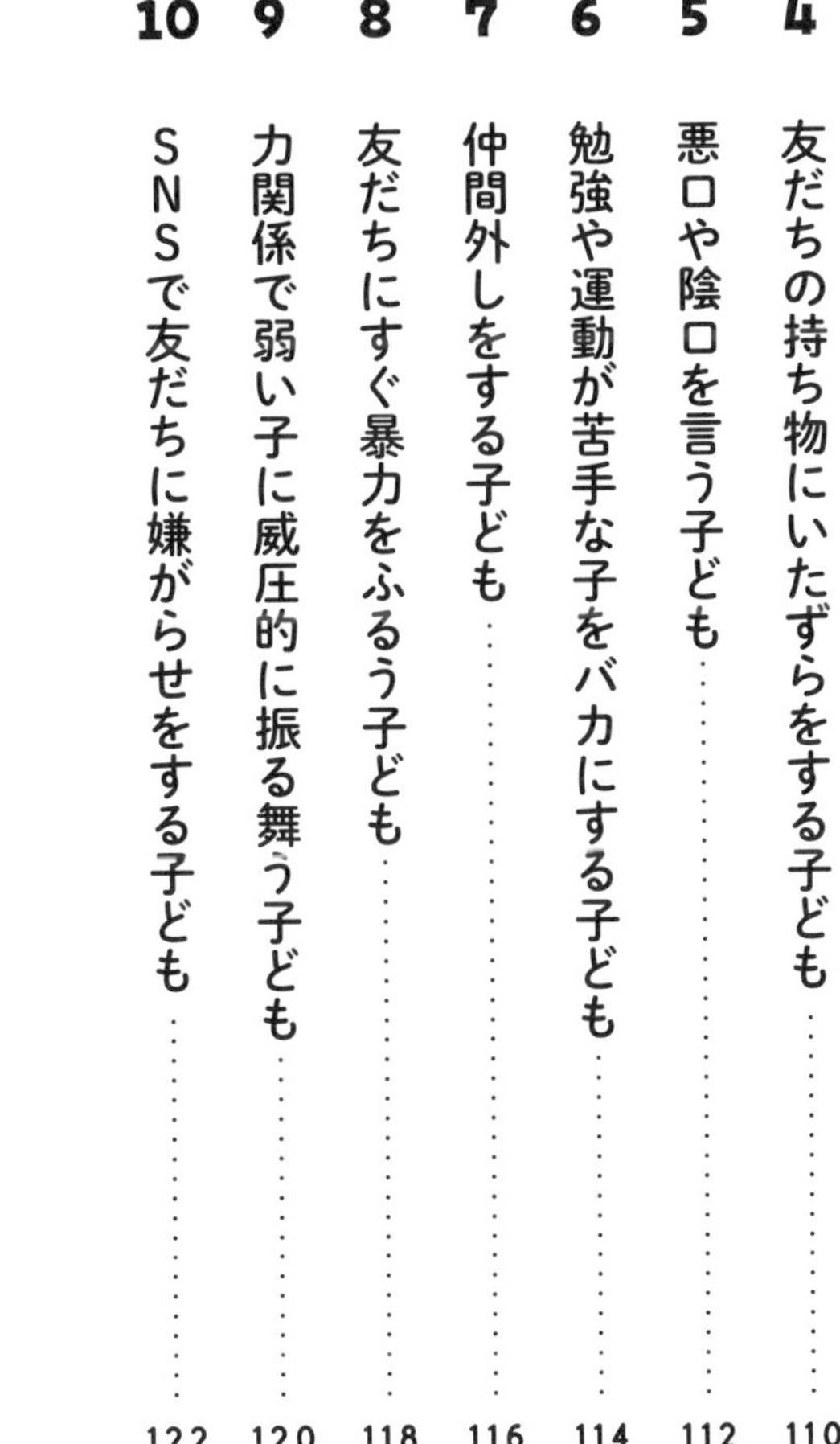

子どもが動く叱り方の基本ルール7

ルール1

「困りごとがある」という前提で問いかける

子どもの問題行動ではなく困りごとに寄り添うと、その理由や気持ちが理解でき、教師も子どもも納得できる解決策が見つかる。

ルール2

「叱ります!」宣言

教師の宣言で、子どもは叱られる構えができ、教師の話に集中。構えができた子どもたちの姿によって、教師自身も感情ではなく理性で指導できる。

じっくり話を聞き、ゆっくりとした口調で叱る

教師の感情的で早口な指導は、子どもの発言を遮り、問題解決の道から遠ざかる。理解する気持ちが、ゆっくりとした口調となり、子どもの心をほぐす効果も。

友だちの困り具合を伝える

友だちの困り具合を共有するかたちで伝えながら、条件付きで承認したり、立場を替えてイメージさせ、自分事として考えさせていく。

選択肢で解決策を発見させる

「なんで」は質問ではなく詰問。行動を再現させながら質問することで、問題・課題に気付かせるように。最初は答えやすいクローズドクエスチョン、または二択から。

「改善行動」は短く伝える

子どもは聞くことだけで精一杯。させたい言葉ではなく、してほしい言葉を短く選択し、何をすべきかがわかるシンプルな言葉で短く伝えることが大切。

最後に、叱られ方の姿勢をほめる

子どもの態度を最後まで見守り、素直な態度、問いかけにしっかりと対応できたことなどをほめる。許しの気持ちがしっかりと伝わり、教師への信頼感が育まれる。

CHAPTER
1

まずはここを
押さえる！

叱り方の
基礎・基本

1 子どもの心に届く叱り方とは

叱りで「教師の思い」を伝える

ある子どもから、「友だちから叩かれた」という訴えがありました。確認をしてみると、訴えられた子はそれを素直に認めます。叩くことは暴力であり、どのような理由があろうとも許されない行為。こうした場面は、多くの教室で見られることですが、教師は叩いてしまった子どもに対してどのような指導をすればいいのでしょうか。

ただ単に、叩いたことを謝るように伝えても、「悪いのは相手だから謝らない」と言い張ることでしょう。また、「あなたが叩かれたら痛いでしょう。相手の身になってごらん」と心情に訴えたところで、頑として考え直さないこともままあります。

この子が謝らない理由は、「相手が悪い」と強く思っていることにあるのです。つまり、確かに叩いたけれど、その原因をつくったのは相手であり、それがなければ自分は叩くことはなかったという理屈です。自分は、被害者だと思っているのです。そのことに教師は思い至り、子ども自身からも説明させるように導いていかなければなりません。

子どもが友だちを叩いたという暴力行為にだけスポットを当て、叩かれた相手の痛みをわからせようとすればするほど、「先生は、自分よりも友だちのことを大事にしている」と反感は高まるばかりです。

事情を聴き取り、気持ちに寄り添う

教師からの一方的な指導では、その言葉は子どもの心には届きません。そうした言葉は思いきって捨て置き、起きた事実の背景にある子どもの「心」を開かせていくようにはたらきかけます。叩くにはそれなりの理由があったのです。子どもの気持ちに寄り添い、原因を共有していくことで、「仕方がない事情があったんだね。あなたの気持ちはわかるよ」と、味方であることを伝えましょう。

教師は自分の言葉を届けることよりも、子どもの心を開かせていくことに意識を向け、優先していかなければならないのです。そのためにも、「理由があったんだよね」と、まずは穏やかに問いかけ、気持ちに寄り添う姿勢で指導をしていきましょう。

「先生は聞くよ」と伝えて、子どもが自ら話しやすくなるように導こう！

2

叱りは教師と子どもによる「対話」

会話では嚙み合わない

トラブルが発生しました。「そのとき、どうしたの？」と教師がトラブルを起こした子どもに状況を聞くと、「だって、昨日、アイツが……」と前日のことをもち出すことはよくあることです。教師がそれを制し、「昨日のことはいいから、そのときのことを教えて」と本題に戻そうとしても、子どもは「でも……」と昨日にこだわります。そして、いつまでも教師と子どもの話は嚙み合いません。ある話題に対する双方向のやりとりが「会話」ですが、こうした状況では、教師の叱りと子どもの言い訳には大きな隔たりがあって、なかなか会話で溝は埋まりません。

子どもは、どうしても前日のことを話したかったのです。なぜなら、「そのとき」のトラブルの発端が「昨日」にあるからです。自分ではなく相手に非があり、それを主張すれば、「そのとき」のトラブルの原因は明白になる。とにかく、教師にそのことを理解してもらいたい一心なのです。

教師がそのことに気付かずに、「昨日」を聞こうとしないまま、「そのとき」を解決することだけに一生懸命になればなるほど、子どもはどうしてもそれを話したい、聞いてほしいと教師に迫ることでしょう。すると、それが教師の目には「反発」と映り、子どもから聴取するという冷静さから、「何で人の話を聞かないのだ」という怒りに変わります。

子どもの言い分を聞くことで対話がスタートできる

対話とは、文字通り「対となる話」です。そして、ほとんどが価値観や主張などが相手と一致していないことが前提となります。教師は、子どもの問題点を叱りますが、子どもは自分には非がなく、正当性を主張します。まさに「対話」なのです。

自分の意見を主張したがるのが子どもというもので、それに対して、じっくりと相手の話に耳を傾けられるのが大人です。まずは、子どもの「昨日」の言い分に付き合いましょう。それは予想外の時間を費やすことにもなりますが、言いたいことを言えた満足感から教師の叱りを受け容れるようになります。急がば回れなのです。

押さえるツボ

「○○だからそうしたんだね」と、まずは子どもの「話したい」に寄り添う！

3

子どもを「見る」

子どもは事実を切り取って伝える

たびたび友だちとトラブルを起こすA君。ある日、「A君に『バカ』と言われました」と訴えてくる子がいました。すかさず、教師が「またA君か～」とため息をつきながら、A君に「『バカ』って言ったんだって」とぼやくように言うと、A君は「違うよ！」と反射的に強い口調で反論してきます。

教師が事の経緯を知ったのは、訴えを伝え聞いたからです。教師の目の前で起こったことではなく、あくまでも聞いた情報です。つまり、教師は全容を把握せず、聞いたことだけで勝手にストーリーを思い描いてしまいました。

訴えてくる子どもは、事実を切り取り、都合の悪いことは言わないものです。それは自分を守るための防衛本能からに他なりません。そのため、教師は訴えた側にとって都合の良い情報だけを聞くこととなり、無意識に、その子の立場に立ってしまうのです。さらに普段からのA君の行動を加味して、彼に非があると思い込んでしまうのです。

見て、聞いて、公平に対処

教師が、トラブルを実際に見ていないこと。それによって判断の齟齬が生じてしまいました。聞いた情報だけを頼りにしたことで先入観が生まれ、その結果、偏向的な判断となってしまったのです。

じつは、A君が「バカ」と言ったのは、訴えた子どもが手洗い後に手をパタパタと振り、水がかかったことによるものでした。「バカ」の発端は、相手側にあったのです。

まずは、先入観を取り払い、目の前にいる子どもを丁寧に見ましょう。すると自ずと聞き方も、『バカ』って言ったと聞いたんだけど？」と、相手の言い分に耳を傾けるかたちに変化させていくことができます。そうした教師からの問いによって、子どもははじめて聞いてもらえると感じることができ、「だって～」と自分本位の正当性を主張する言い方ではなく、「そうなんだけど……」と自分の気持ちを聞いてほしいと心を開くようになるのです。

子どもが冷静に状況を話し出したら、解決に向けて前進です。「そうだったんだね」としっかり受け止めていきましょう。

「聞くよ」と促す言葉をかけることで、子どもは見てもらっていると安心できる！

4

子どもにとっては叱られるも怒られるも同じこと

▼子どものためと思っても

「叱るは相手のため。怒るは自分のため」と言われることがありますが、これは、「叱るは効果があり、怒りは自己満足」とも言い換えられるかもしれません。

言うまでもなく、教師は子どもの行為が不適切だと判断したときに叱ります。具体的には、不適切な行動を指摘し、改善を求め、変容を期待します。また、叱ることは、社会的に望ましい姿へと導いたり、現状を改めさせたりする手段でもあります。つまり、叱りは、相手を変える行為なのです。

例えば、廊下を走っている子どもがいたとしましょう。教師は、まず、「廊下は走らない」と不適切な行動を指摘し、次に、「廊下を走るとぶつかるでしょう」と弊害を認識させたうえで、最後に、「廊下は歩きましょう」と正しい行為を伝えます。この一連の行為は、感情的なものではなく、理性的なものであって、教師は教育効果があると判断したからこそ行った「叱り」です。

しかし、当の子どもは、「怒られた」と受け取ります。それは、苦痛や悲しみ、恐怖といったネガティブな感情が湧き起こるからです。自分をそんな思いにさせるような「叱り」を、「怒られた」と子どもは認識してしまいます。

畏れをもって叱る

子どもが叱られているとき、どんなに冷静に穏やかに諭したところで、その時間は教師に支配されています。そのため、子どもは、「自分の変容や成長を願って言ってくれた」と感謝するのではなく、言われてしまった苦痛に襲われています。その結果、「怒られた」と感じてしまうのです。

もちろん大前提として、子どもが不適切な行為をしたら、教師はきっぱりと叱らなければなりません。ただしそのとき、どんなによかれと思って叱ったところで、子どもは教師に怒られたとネガティブに受け取るものだと、畏れの気持ちをもって対応していきましょう。

子どもの表情やしぐさに目を留めることで、自分の叱り方によってあたえる影響を振り返ってみよう！

5

「叱りの基準」は絶対にブレさせない

叱る基準を意識する

授業中の子どもたちのおしゃべりは、多くの先生方が指導に悩んでいることではないでしょうか。その都度やめるように注意したところで、「なんで私だけ注意するんですか？　Aさんはお絵描きをしています」などと強く反発されたり、不満げな態度を返されることは少なくありません。

おしゃべりもお絵描きも、授業に集中していないという点では同じです。おしゃべりをしている子も、もちろん自分が悪いことをしていたという認識はあるので、叱られても仕方がないと思っています。授業規律という観点からみても、どちらも教師の叱る対象です。だからこそ、おしゃべりをした子は、自分だけ叱られるのは不公平だと抗議してくるのです。

小学生の子どもは、叱られる原因に軽重があることを深く理解していません。そのため、叱られると「何で自分だけ」となってしまうのです。教師が叱る理由を説明しても、叱られるときは理性よりも感情が優先されるので、聞く耳をもてません。

基準は「命・社会・個人」

子どもたちには、叱る基準を明確に設定することが重要です。具体的には、「心身の危険」「邪魔」「規律」の3つ。心身の危険は、心を傷つける誹謗中傷と身体を傷つける暴力。つまり「命」にかかわることです。邪魔は、授業中のおしゃべりなど他人に迷惑をかける妨害行為、「社会」にかかわることです。規律は、学級ルールの違反や授業中のお絵描きなど個人に帰する行為、「個人」にかかわることです。

また、叱る優先順位は、「命＞社会＞個人」です。これを、掲示物にして教室に貼るようにします。口で伝えたことは忘れられがちですが、書いたことは常時目にすることができるうえ、教師の話に口を挟んできたときなどには黙ってそれを指差すようにして活用できます。すると、パッと静かになり、お絵描きをしていた子どもも雰囲気の変化を感じて、それをやめるというような一石二鳥の効果が得られることでしょう。

教師自身も、それを目にすることによって、ブレたり、気分で叱ることがなくなるため、常に子どもに受け容れられる叱り方ができるようになります。

叱るときにも、基準を再確認することで、納得が得られる！

6

期待値を低めに設定する

▼教師の高すぎる期待が叱りを招く

漢字の再テストの場面です。得点は前回よりもアップしているのに、満点ではなかった子ども。「明日もまた再テストね」と解答用紙を手渡すと、「たくさん練習したんだけどな～」と努力をアピールしてきます。ここで、教師が、「満点を取ったら合格だから、また練習だね」と肩を叩いて励ましても、子どもは「また練習か～」と意気消沈することでしょう。さらには、「何回再テストを受けたら、満点を取れるのだろう」と不安になったり、「ひょっとしたら、自分は満点なんか取れないんじゃないか」と自信を失うこともあるでしょう。

「教師が伝えた通りにやってくれるだろう」という子どもへの期待。「これくらいはできてほしい」という理想。じつは、教師にとってはごく当たり前のレベルであっても、子どもにとってはものすごく高いハードルとなっているのです。教師があまり深く考えずに期待値を設定してしまうことが、子どもが落胆する回数や度合いを強くしてしまいます。そして、その現実と期待値の落差は失望感となり、ため息をつかせ、愚痴っぽくもさせます。期待値は教師の願望です。それが叶わないと失望や落胆に変わり、結果として、子どもの成長にはつながらない単なる叱りとなってしまうのです。

期待値は3段階に

教師の子どもへの期待は、「満足レベル・成長レベル・安定レベル」の3段階に設定するのが効果的です。漢字の再テストならば、満点が満足レベル、得点がアップしていれば成長レベル、同じ点数ならば安定レベルというイメージです。

もし、それぞれの期待値に子どもが到達していなければ、下げるようにしていきます。ただし、安定レベル以下はレベルダウンとなるので、子どものモチベーションは下がってしまいます。そこで、再テストを受けた意欲は評価して、それを「挑戦レベル」と位置付け、「先生は君ががんばっていることを知っているよ。その努力は、明日の成功へとつながるからね」と言葉をかけながら見守っていくのです。すると、子どもは心理的な安心が得られるため、「次はがんばります」と自分から次の目標を設定することでしょう。

子どもが自分で自分に期待するようになれば、成長に近づきます。

子どもには「期待することを期待しない」として、まずは教師が自らに対する期待値を見直そう！

7

子どもの行動変容を促す

「何回言ったらわかるの！」は効果ゼロ

掃除の時間は、どうしても遊んだり、さぼったりする子がいるものです。教師が注意したところで、再び目を盗んで遊んだり、叱られることをうれしがっていたりするような子も少なくありません。そうした子は、翌日以降もほぼ同じことを繰り返します。

教師が注意しても、行動を改めない子、それどころか問題行動を繰り返す子の内面にあるものは、いったいどういったものなのでしょうか。子どもが掃除の時間に遊ぶのは、掃除が嫌いだからではありません。その証拠に、遊ばずに掃除に取り組むときもあります。

子どもにとって、教師に叱られることは注目されることであり、遊びやさぼりのほとんどが意図的に行われていると言っても過言ではありません。そうとは知らない教師は、まんまと子どもの策略に引っかかります。子どもは大満足です。

こうした子に対して、「何回言ったらわかるんだ！」と語気を強めたところで、その言葉が心に響くことはないでしょう。子どもの行動が変容することを強く願って教師が意気込み、さらに同じ対応を繰り返しても、子どもの行動が変容しないという虚しさと自分の指導の限界を感じるばかりです。そして、「この子はダメな子ども」という烙印を押したり、匙を投げてしまうような事態にもなりかねません。

まずは促すことに力をそそぐ

大輪の花を咲かせることを願いながら種をまくようなイメージを、常に教師がもっていることが大切です。すぐには芽が出なくても、「大きくなれよ」と成長を楽しみにしながら毎日水をあたえたり、肥料をあたえる。この感覚で、子どもの指導に叱りを用いていくようにします。

ここでポイントとなるのは、行動変容を促すという構えです。促すとは、ある行為をするように「仕向ける」こと。仕向けるだけですから、そうなるとは限りません。やがて変容するだろうと、気長に構えるのです。そうした教師の構えは確実に子どもに伝わり、子ども自ら変容していくきっかけへとつながっていきます。

押さえるツボ

子どもの心に響かない言葉にこだわらず、パッと潔く別の方法に切り替えよう！

8

子どもに「未来」を見せる

繰り返しの叱りが「慣れ」を生む

　はじめての個人面談で、顔から火が出るほど恥ずかしい思いをしたというA先生。保護者から、「夕食のとき、子どもが『今日は先生に叱られたんだ』って言うので、『何をしたの』と聞くと、『わからない』って答えるんですよ」と微笑みながら言われてしまったとのこと。すかさず、「指導が至らなくて、すみません」と頭を下げるばかりになってしまったようです。

　事の次第は、授業中、教師の説明の際に子どもがお絵描きに没頭していたことによります。「またお絵描きか～」と思いながらその子に近づいても、教師の存在に気付きません。その熱中ぶりに呆れながらも、注意を喚起。「今は勉強の時間だよ。お絵描きはしない」と切り出し、「何でそんなことをしているの」と小言を続けてしまいました。

　A先生は、お絵描きをしたことを叱りました。しかし、授業中のお絵描きで叱られる子は、少なくありません。いつものことであるうえ、同じ指導の繰り返しであったために、子どもにとっては叱られたという印象が極めて薄くなってしまったのです。

お絵描きをやめた先の「未来」を伝える

授業中、お絵描きをすることで失われるもの。それは、勉強がわからなくなることです。学校ではもちろんのこと、自宅では宿題を解けずに、保護者から「何でわからないの？」と叱られることでしょう。当然、テストの点数も低くなるばかりです。そうなると、一気に勉強が嫌いになり、さらにお絵描きへと逃げることになります。

一方、お絵描きをしなければ得られる未来があります。それは、学習ルールが身についたり、勉強がわかるようになったりするということです。宿題もすぐに終わり、遊ぶ時間が増えます。身についた学習が新しい勉強の土台となるため、授業が楽しくなる一方です。

こうした未来を具体的に教師が伝えることで、子どもはお絵描きをすれば自分自身が困ると気付き、叱られたことの理由も理解できるようになります。

淡々とではなく、教師が目を輝かせて伝えることで、子どもの意欲は高まる！

9

叱られていない子の様子も観察する

叱るべき子どもの指導をしているつもりでも

教師が子どもを叱るとき、その視界には特定の子どもだけがいることがほとんどではないかと思います。しかし、叱り終わって授業を再開しようとすると、教室がシーンとなってはいないでしょうか。叱った子だけではなく、子どもたちみんなが姿勢を正し、視線は黒板に。緊張感がみなぎっているものの、教師の話を聞く雰囲気とは違います。それは、叱られた後の反省のポーズです。

教師は、指導が必要な子を叱ったつもりでも、その場に居合わせた子どもは皆、自分も叱られている気分になってしまっているのです。休み時間ならばその場から立ち去ることができますが、授業中はそうもいきません。他人のせいで憂鬱な気分にさせられてしまったと言っても過言ではないでしょう。無意識のうちに姿勢を正し、友だちが叱られることに我慢して付き合います。

叱っているときの教師は、少なからず苛立っているものです。おしゃべりをしようものなら、「うるさい！」と怒鳴られるかもしれません。姿勢を崩せば、「何だその態度は」ととばっちりを受け、叱られる対象が自分になってしまいます。

自分に被害が及ばないように、ここは静かにすることが賢明だと子どもたちは判断しています。そのため、クラスの子どもたちみんなが静かになったのです。

机間指導を装いながらジェスチャーで叱る

クラス全員の前で教師が子どもを叱るときは、教卓から叱ることが多くなるため、その子との間に「距離」が生まれます。そして、それによって、周りの子どもが取り込まれ、一緒に叱られたようになってしまうのです。

こうした状況を回避するには、机間指導を装いながら指導対象の子どもに近づくようにします。これで、叱る必要のない子どもを巻き込んでしまうことはなくなります。叱られない子は、引き続き自分のペースが維持でき、余計な心配をせずにすみます。

また、指導が必要な子には、教師の存在に気付いたところで、人差し指を唇に当てるなどのジェスチャーで叱るようにします。こうすることによって、周りの子どもたちは教師が叱る声を聞かずにすむのです。

指導後は、叱った子を視界から外し、教室全体を見回しながら全体の気分転換をはかろう！

10

学級環境は教師がコントロール

いじめは教師が生み出している?!

ある一人の子を指差して、「いつも叱られているんだよ～」と嘲笑する子。その言葉には友だちを見下し、差別心さえも垣間見えます。また、聞こえているはずの周りの子どもたちも、誰一人としてそれを咎めません。おそらく、クラスの多くの子どもたちが同じように感じているのでしょう。

問題行動を目にすれば、教師はそれをすぐさま指摘し、やめさせようと指導するものです。その指導で改まらなければ、さらに厳しい叱りを繰り返すことになるでしょう。それを目にした子どもたちが、「あの子は叱られる子」とレッテルを貼り、「叱られても仕方がない子」というイメージが定着してしまうのです。

さらにエスカレートすると、子どもたちはそうした場面をあえてつくり、問題行動を目にするやいなや、それを教師に言いつけにきます。教師が「またやったのか」と真に受けて叱れば、子どもたちの思う壺。言いつければ教師がすぐに反応するということを学習し、子どもたちは「いいことした!

認められた！」と勘違いするのです。

その結果、普段ならば見逃すようなことにも目を留めるようになります。それは、問題行動を期待しているようでもあります。すべては、叱られる子どもは粗雑な扱いをされても仕方がないと短絡的に解釈するような叱り方を教師がしていることによります。叱られることで、目には見えない差別が生じます。こうして、いじめは生まれていくのです。

「問題のないクラス」を目指さない

どうして教師は叱るのか。それは、子ども同士のトラブルが起きない「問題のないクラス」、学ぶことに一生懸命になれる「問題のない子どもたちの姿」を目指すためです。しかし、それは理想にすぎません。現実の学校は特例ばかりです。それに気付けていれば、子どもたちの気になる言動も大目に見られ、指摘よりもアドバイスに力が入るものです。

問題をなくそうとするのではなく、心理的な安全を保障できるクラスを目指しましょう。子ども一人ひとりの安心が保障されれば、他者の安心も保障しようとします。

押さえるツボ

指導の際、「子どもが真似できる叱りなのか」と自問自答しましょう！

COLUMN

1

子どもに嫌われたくないという恐怖感

叱るとは、「望ましい行動変容への動機付け」です。自分の言動を振り返り、改めることです。それは、自己否定でもあり、自責の時間でもあります。

とはいえ、そうしたことを前向きに捉えられる子どもばかりではありません。「叱られた」という思いだけが心の中に残り、「何で叱られたのか理解できない」という子どもも当然います。そして、そうした子どもは、叱られる度に、「また叱られた」という思いが積み重なり、心は教師から離れていってしまいます。

人は、嫌われるよりも好かれたいと思うものです。そのため、子どもの問題行動を目にすると、叱らなければと思う一方で、「叱ったら子どもの心が離れてしまうのではないか。それくらいなら、なかったことにしてしまおう」と嫌われたくない思いが生じてしまうのも不思議ではありません。人間であれば、誰しも、そのような防衛反応が多かれ少なかれ芽生えてしまい、叱る選択肢を排除してしまうこともあるでしょう。

叱らない選択をしたのですから、そのときは子どもとの関係は支障をきたしません。しかし、そのちょっとした判断や思い込み、逃げたい気持ちなどによって、教師に対する子どもの信頼感は失墜し、やがてクラスの荒れの要因となることをしっかりと頭の中に入れておきましょう。

CHAPTER

2

自信をつける
カギはここ！

叱りの
土台づくり

1

先恕後教（せんじょこうきょう）

▼叱りでは「思い」は伝わらない⁉

授業開始早々に、「先生、トイレに行ってきてもいいですか？」と言ってくる子ども。授業後半なら理解もできますが、休み時間が終わったばかりです。思わず、「休み時間は何をやっていたの！」と強く叱りつけてしまうことはないでしょうか。授業への取り組みが遅れてしまうため、次の休み時間まで我慢させ、その結果、子どもが粗相をするようになってはかわいそうです。本当はトイレに行くことを認めたくはなくても、ここは、「仕方がない。行っておいで」と許し、戻ってきたら、「トイレは休み時間にすませるんだよ」と念を押す指導が定石と考える先生が多いかもしれません。

こうした状況において、教師が子どもを叱りたくなるのはとても自然なことです。休み時間は単なる遊び時間ではなく、次の授業準備やトイレタイムでもあるからです。トイレをすませたうえで次の授業に臨み、授業中は集中して学習に取り組むというのは学校生活の中でももっとも大切な規律です。本来、どの子もできるはずのことであるだけに、「何でできないんだ！」と瞬間的に思ってしまい、それがつい叱りにつながってしまうのです。

叱るとは、改めさせることです。子どもにとって、成長させてもらえる機会なのですから、叱れば感謝されるはずです。それが理想です。ですから、せめて納得してもらえれば儲けものです。しかし、こうした叱りは、子どもから反感を買うことがほとんどです。叱られてから許してもらったところで、感謝の気持ちは起こりません。

まずは許し、その後、叱る

中国の古典『説苑(ぜいえん)』は天子を戒めるための逸話集で、普遍的な教えが得られるものとして現代においても読み継がれています。「先づ恕して後に教ふるは是堯の道なり」という文言がありますが、これは、「まず思いやりの気持ちをもって、それから教化するのが堯のとった道」という意味です。「先恕後教」と言い、「まずは許す。その後に叱る」ことの有効性を気付かせてくれます。

叱りを必要とする場面では、ぜひ、この教えからヒントを得ることをおすすめします。例えば、今回のような場面では、まずは「それはたいへんだね」とトイレに行くことを許すと、子どもは、不適切な行為を叱られなかったことで安心します。また、トイレをすませたことで困りごとが解消され、教師に感謝します。その結果、子どもは教師からの叱りの指導を素直に聞くことができるのです。

「それはわかるよ」という言葉を用いることで、許しの気持ちが引き出される！

2 日々のささやかなことから信頼関係を築く

「知らない人」の話は受け容れられない

廊下を走る子どもの姿は、いつの時代も変わらず、学校で日常的に目にするものではないでしょうか。そうした子どもに、教師が「廊下は歩くんだよ」と声をかければ、振り向く子もいれば、それを無視して行き過ぎようとする子もいます。

走る、走っていないは主観的なものであり、子どもを追いかけて「走ったでしょう」と確認しても、「走っていません。速歩きです」などとしれっと言い訳をする子も、ときにはいます。すかさず、「いや、走っていたよね」と否定したところで、子どもが認めようとしないのはままあること。

こうした状況は、特に他学年の教師からの指導において起きやすい傾向があります。その理由は、信頼関係のない人の話は否定しやすいからです。結果、教師の言い分に耳を貸さない子どもに激高し、怒ることになってしまいます。怒られた子は嫌な気持ちになり、当然、教師に対しては負の印象をもつことになります。

子どもにとって、他学年の教師は「知らない人」です。そうした存在から予期せず叱られたり、頭ごなしに叱られても、素直に受け容れることはできません。そして、走ってしまったという罪悪感もあるだけに、痛いところを突かれたという負い目もあります。しかし、この負い目があるにもかかわらず、それでも素直に非を認めることができないのは、他学年の知らない教師とのかかわりは、一時的なものに過ぎないことを理解しているからです。

「ながら」での会話が信頼関係のもとをつくる

常日頃から、学年を超えて、校内の子どもたちとコミュニケーションをとっておくことが重要です。コミュニケーションというと、何か格式張ったことをイメージしがちですが、ほんの立ち話くらいでいいのです。すれ違いざまの一言でも構いません。手洗い場で隣になったら、子どものほうを向いて、「水が冷たいね」というように、教師が感じたことを言えばいいのです。子どもの髪型が変わっていたら、「あれ、髪を切った？」と事実を肯定的に聞けばいいのです。

「手を洗いながら」「見つめながら」などの「ながら」での会話は、むしろ親近感が湧いてくるものです。そして、その積み重ねが信頼となります。

一見無意味な会話こそ、楽な気持ちで応じよう！
それが信頼の一歩に！

3

本気の叱りなら子どもの心は離れない

ダメなものはダメ

休み時間、子どもたちが廊下の窓に群がっています。窓の向こうにはもうもうと上がる黒煙。火事です。そんな群がりの中に、ｉＰａｄを構えている子どもたちがいました。火事の写真を撮るために教室から持ち出したのです。咄嗟に、「何をやっているんだ」と叱りつける教師。すると、周りにいた子どもたちが、「他に写真を撮っている人がいたよ」「ダメだよって注意をしたんだよ」などと口々に訴えてきました。こうした子どもたちは、「火事にあった人がかわいそう」と火事の先にある悲しさを想像することができます。同時に、「ｉＰａｄを教室から勝手に持ち出したら、ダメなんだよ」という学習の規律にも気付けるのです。

一方、写真を撮ろうとしていた子どもたちに理由を聞くと、無言であったり、または「撮りたかったから」とのこと。こうした指導で重要なのは、「そうしたい気持ちもわかるけれどね……」と行為と心情を分けて対応しないこと。この事案は、そんな忖度をする必要はまったくありません。

人の不幸に興味をもつという卑劣さ・無慈悲さをしっかりと教えなければいけない場面です。行為への共感は禁物です。被害にあった人の悲しみに、すべてのアングルを向けさせなければなりません。「ケガをしている人がいる。亡くなった人がいる。家が焼けて住むところを失った人がいる。大事なものがすべて焼かれ、思い出を失くした人もいる。そんなときに、君は写真を撮られたいですか？」と強いメッセージとともに真剣な思いできっぱりと叱りましょう。

▼普段はやさしいからこそ真の叱りを受け容れられる

問題行動には何らかの理由があります。そして、「その気持ちはわかるけれど」と同情の余地があることがほとんどです。また、それには関係者であることも起因します。

しかし、今回の火事に、子どもたちは一切関係していません。まったくの部外者です。野次馬です。それどころか、他人の不幸に興味をもつという人間としてあるまじき状況です。この場合は、毅然とした態度で接しなければなりません。いつもはやさしい教師が、厳しく強く叱るのはよっぽどのこと。だからこそ、身に染みます。

子どもたちは、信頼している教師の叱りについては甘んじて受け容れることができるのです。大好きな先生なら、叱られても納得なのです。

押さえるツボ

翌日は何事もなかったかのように、「おはよう」と明るく元気に振る舞おう！

4

叱る前に必須の「準備」

言葉の解釈の主体は子ども

コミュニケーションの基本は、言葉です。そして、小学校においては、その言葉の解釈の主体は、受け取り手である子どもの側にあります。例えば、「バカ」という言葉は、強い注意喚起の際につかう場合がありますが、子どもがどう解釈するかにおいては注意が必要なワードの1つです。具体的には、給食の時間、子どもがパンを押し込むように食べている場面などです。どうやら隣の子と早食い競争をしているようなのですが、パンを喉に詰まらせて児童が亡くなった事案を知っている教師は、咄嗟に「バカな真似はやめなさい」と「バカ」と口に出し、やめさせました。最悪の事態が回避できたので何の問題もないように思いますし、この「バカ」には命を大事にしてほしいという教師の願いもこもっています。しかし、放課後、なんと保護者から「先生は我が子をバカ呼ばわりした！」というクレームの電話がかかってきてしまいました。

教師の対応は危険回避ですから、妥当なはずです。しかし、そのために発した言葉が保護者の不信を招きました。子どもは危険から守ってもらえたという感謝よりも、バカ呼ばわりされたことが印象に残ってしまったのです。教師の言葉が足りなかったとも言えますが、状況を考えれば同情の余地は十分にあるでしょう。

この案件では、保護者にきちんと説明すると納得が得られ、一件落着となりましたが、誤解をあたえる言葉であることをしっかり把握しておくことが不可欠です。

解釈ではなく客観的事実を伝える

前述のような場面では、どのように伝えればよかったのでしょうか。それは、事実をそのまま伝える、です。まずは、「ストップ！」とやめさせることを優先し、次に、「パンの早食いをしたら、喉が詰まるよ！　喉が詰まったら息ができなくなるよね」と叱る趣旨を説明するのです。

「かわいそう」「何回やってもダメ」も誤解されます。それは他者を評価する言葉だからです。叱りの言葉は解釈ではなく、事実を伝える言葉と客観的な言葉を選択するのが鉄則です。

発する言葉が誤解を招かないか、他の言葉に置き換えたほうがいいか、冷静な判断力を身につけよう！

5

「ほめる」を交えて信頼感アップ

授業中のおしゃべりはどちらかに非がある

「そこ！　しゃべらない！」

授業中、座席が前後の子ども2人が私語を交わしている場面です。2人を立たせて、「何をしゃべっていたの？」と聞いても、顔を見合わせて答えません。「どっちが先に話しかけたの？」と質問を変えたところで、2人は黙り込むばかり。

こうしたとき、教師が苛立って、「とにかく、しゃべらない！」などと一喝すれば、たちまち授業は中断となり、周りの子どもたちも固唾をのんでこのやりとりを見つめることになるでしょう。教師の厳しい叱りによって教室に静寂が戻っても、それを見ていた子どもたちには後味の悪い緊張感が漂い続けます。

私語は一方が話しかけ、他方がそれに応えるという状況がほとんどです。そして、この場合、前に座っている子どもが後ろの子どもに話しかけたと考えるのが自然でしょう。両者を起立させ、それを子どもたちに確認すると、否定も肯定もしません。

プラスを見つけてスポットを当てる

おしゃべりの事実確認をしていくと、実際、その通り。教師は相手をしていた子どもと正対して、「話しかけられたことは迷惑だけれど、注意したり無視したりするのは勇気がいるよね。しかたなく君が付き合う気持ちはわかるよ。たいへんだったね」といたわる視点をもちましょう。

さらに、「先生はどちらが先に話しかけたのかと聞いたとき、君は黙っていたね。自分の立場が悪くなるかもしれないのに、友だちをかばったんだね」と理解を示すこともお忘れなく。「友だちに付き合うやさしさ、友だちをかばう思いは立派。叱られ方がとても素晴らしい。だから、先生は君を許します。先に座りなさい」と穏やかに伝えると、子どもは意外な対応に驚きますが、ホッとしたような表情を見せるものです。一方、話しかけた子どもの顔には、反省が窺えます。「いい友だちをもったね」とあたたかく伝えて着席させましょう。

こうした叱りを通して、当事者の子どもたちはもちろんのこと、教室ですべてを目の当たりにしていた子どもたち全員が、公平に対応した教師に対して確かな信頼感を抱いていくことになります。

マイナスが見えてもプラスを探していく視点が、信頼へとつながっていく！

6

ときに甘えさえて安心感を抱かせる

「まあ、いいか〜」を見逃さない

給食当番は配膳が終わると、白衣をたたんで袋に入れ、収納場所に戻すまでが仕事です。このとき、白衣を入れた袋がボールのように膨らんで、上手く収まっていないという光景は少なくありません。これは、子どもたちがちゃんとたたまずに丸めて突っ込んでしまうためにそうなったのです。「まあ、いいか〜」と適当に処理してしまった結果です。ちょっとしたことではありますが、こうした些細なことを見逃さずに教師が丁寧に指導していくことが、誰にとっても居心地の良い学級づくりの土台となります。必ず袋を取り出して、やり直しをさせていくようにしましょう。

そもそも丸めて突っ込んでしまうのは、立ったままでたたむことが要因となります。襟足が合わず、袖を三つ折りにできないのです。また、「早くたたまないと、『いただきます』ができないよ」などと教師が催促してしまうことも一因となります。ときには、白衣を床に置いてたたもうとする子もいるかもしれません。「何やってるの！　白衣が汚れるでしょう」と叱責などしようものなら、楽しい給食時間はお預けです。特に低学年の子どもたちには、衣服をたたむ経験が浅いことを前提に対応していかなければなりません。ハンカチは難なくたたむことができても、白衣となれば手順やコツが不可欠です。要領がいるのです。

学校では、家庭のようにカーペットや畳などの安定した場所に服を置いてたたむことができないため、立ってたたむことが基本です。自分の身体の胸のあたりでたたむなど狭い場所になるため、当然、白衣は動いてしまいます。つまり、上手くたためないのです。

甘えられる安心感が信頼感につながる

白衣のたたみ方で四苦八苦している子どもには、「先生がたたんであげようか？」と惜しみなく声をかけましょう。子どもは少し申し訳なさそうに白衣を渡すでしょうが、地獄で仏とはこのこと。手順を口にし、子どもに見せながらたたみます。完成したら、子どもに袋の口を開けさせて白衣を入れ、最後にポンポンと叩きながら中の空気を抜けば、袋は真っ平らになります。それを見た子どもは「すごい」と目を丸くします。隣で悪戦苦闘している子がうらやましそうな視線を送ってきたら、「君も？」と声をかけ、成就させてあげましょう。困ったときは、先生に頼り、助けてもらう。小学生は、存分に甘えることで、安心感が得られます。

上手に甘えられない子どもには、教師が無理強いせずに見守ろう！

7

「自分だけ」という特別感をもたせる

▼「特別扱い」が不満を生み出す

宿題を忘れた子どもたち。確認をすると、「また忘れたのか～」と小言を言いたくなるような常連の存在があります。そして、彼らには、「また忘れたの」と失望し、「なんでいつもやってこないんだ！」と腹立たしささえ思い抱くこともあるでしょう。もちろん、こうした宿題忘れの常習者には適切な指導が必要となりますが、ここでより注意をはらいたいのは、普段は忘れずにやってくる子どもです。思わず、「あなたがやってこないなんて、珍しいね～」と声色が変わり、対応も無意識にやわらかくなっているかもしれません。

宿題をやってこなかったという事実は同じでも、これまでの実績がその差をつくるのは当然とも言えます。教師にしてみれば公平な対応であり、まさに普段の行動が人の評価を決めていると言っても過言ではありません。「珍しいね」という教師の言葉は、実際のところ本音であり、的外れではありません。

しかし、「珍しい」と大目に見てもらった子は、特別扱いされたことを喜ぶでしょうか。そんなことはありません。むしろ、ありがた迷惑に感じているのです。クラスみんなの前で特別扱いされたことで気まずさが先立ち、友だちの目が気になります。「先生は何で差をつけるんだ。先生のせいで、みんなからも特別扱いを受けてしまう」と不満を抱きます。

人目のつかない場所で特別扱いする

特別扱いは、他の子の目がない場所で行うのが鉄則です。宿題を忘れた子ども全員を解放したタイミングで、「珍しい子」だけを残すのです。

穏やかに話しかけ、「君も忘れることがあるんだね。誰でも忘れることはあるからね。次は、『忘れないようにしよう』って思っているのが伝わってくるよ」と声をかけます。すると、「自分だけ」が残されたことで叱責を覚悟していただけに、安堵します。

さらに、教師がこれまで宿題を忘れなかったことを認めてくれたこと、自分に期待してくれていることなどもひしひしと感じ取っていきます。それによって、「次は忘れないようにしよう！」と強く決意するのです。

押さえるツボ

特別扱いでは、子どもが納得できる「自分だけ」を伝えよう！

8 期待や目的を共有する

期待は負担?!

叱る指導では、「結果を叱る」というのが一般的でしょう。つまり、「良くない」「正しくない」という事案で、教師は「叱る＝正当な行為」という固定観念をもってアクションを起こします。また、叱ることは当然であり、怒鳴ったり、比べたりしてもいいという思い込みも起こします。それによって、子どもは「叱られる＝悪いこと」というイメージを抱き、実際に叱られれば、自己嫌悪に陥ったり、自信を失くしたりして、叱られることを自分の成長の糧にしようとしなくなります。また、その結果、叱る人を拒否しようとさえするでしょう。

例えば、体育科授業での持久走において、トラック1周ごとにラップタイムをｉＰａｄで記録する場面において、自分のラップタイムを友だちが計るのですが、保存する前にリセットボタンを押してしまい、記録無しになってしまいました。ここで、教師が「先に保存するって言ったでしょう！」などと責め立てれば、子どもは再びミスをするのではないかと不安に陥ってしまいます。次回の授業では、教師が心配して歩み寄ったところで、かえってそれがプレッシャーとなり、「ミスをしたら、また叱られる」と緊張で指が震えてしまうでしょう。たとえ記録の保存に成功したところで、できれば今後、計測は避けたいと強く願い、教師には側に寄ってきてほしくないとさえ思うかもしれません。

「できる！」という自信が期待の共有につながる

もしも、教師の期待に不安が含まれていれば、それを子どもは敏感に感じ取ります。そうした状況に陥らないためにも、前述のようなケースでは、事前の手ほどきが欠かせません。特に最初は、教師が声に出して指示やコツを伝え、それで見通しを立てさせるようにすると、子どもは安心してボタンを押すことができるのです。

また、その目的などについても説明しておくといいでしょう。次のステップとして、子どもが声に出して指差し確認をしながら自分自身で行うように見守ります。それを何度か繰り返し、子どもが「できる！」と確信したときに、はじめて期待をかけるのです。

叱るとはより良い言動に気付かせ、それを実践させること。その目的は安心感と充実であり、叱ることはそのための働きかけです。

押さえるツボ

まずは子どもの代わりに教師がやって見せることで、目的の達成に近づきます！

9

叱ることは、ほめること

叱って終わりは厳禁

一緒に遊んでいた友だちと、どちらが先に教室に着けるか競っている子どもたち。廊下を歩く教師を追い抜いていきました。歩いている教師を追い抜くということは、子どもは走っているということ。すかさずそれを見ていた教師が子どもたちの背中に向かって、「走らない!」と怒鳴ります。子どもたちは立ち止まって振り返りました。自分たちが注意されたことが理解できたようで、教師は、「走ったところからやり直し」とその地点を指差します。

ここで教師が叱ったことにより、廊下を走るという行為をやめさせることはできました。しかし、この教師、子どもたちは指示通りにするだろうと思っているためか、子どもの「やり直し」を見届けることはありませんでした。

叱って指導は終わりでは、その効果は何も得られません。そもそも子どもたちが自発的にやり直しを選択したのではないからです。教師に叱られ、渋々それに応じる状況です。正直、子どもにとってはとても面倒な行為でしょう。それだけではなく、叱られたことが強く印象に残り、ましてや、やり直しは多くの友だちも見ているため、恥をかかされたという思いもあります。

見守って、ほめる

子どもにやり直しを指示したならば、教師はそれを最後まで見守ることが大原則です。友だちの目にさらされながら指示された地点から一人ひとり右側を静かに歩いてくる子どもたち。静々と歩き、教師の近くで立ち止まって、言葉を待つことでしょう。再び叱られることも覚悟しているかもしれません。そうした子どもに、教師はあたたかく声をかけます。それは、子どもにとっては意外な言葉かもしれません。

「やり直しをして偉いよ！　心が素直！　走りたい気持ちはわかるけれど、やり直しをしたように、これからも廊下は歩こうね！」

子どもの態度と変容を丁寧な言葉にして、しっかりとほめるのです。

教師が叱ることは、子どもの中にある「正解」を引き出してあげることです。ですから、正解したら、ちゃんとほめます。やり直しは叱られることですが、それがほめられることで、確かな変容へとつながります。

押さえるツボ

やり直しを見守ることで会話が生まれ、わずかな変容も確実に感じられます！

10

叱らなくてもすむ学級環境づくりの工夫

印に置いても机は揃わない

休み時間は、子どもたちが教室を走り回ったり、じゃれ合ったりするものですが、それによって、机にぶつかったり、列が乱れたりすることは避けられないでしょう。ここで、子どもたちが自発的に机の位置を正せればいいのですが、授業が始まっても乱れたままというケースが多いのが現実かもしれません。そして、教師が「机を揃える」と指示すれば、子どもたちは素直に机を動かし、揃えたつもりになっても、「まだ曲がっている」ことも日常茶飯事です。

子どもたちは感覚で机を揃えます。だから曲がってしまうのです。その解決法としてよく用いられるのが、床に目印をつけることですが、そこに机の脚を置けば揃うはずだと思いきや、不思議と机は揃いません。ここで、「目印に机の脚を置けばいいだけなのに、何でできないのだ」と叱りつけてはいけません。

机の前脚の位置に印をつければ、教師からも目印が見えて、机がそこに乗っているかどうかが確認できるうえ、乗っていれば机は揃うことになります。子どもは椅子から腰を上げ、机を抱えるようにして目印に合わせます。実際、そのときは目印に脚が乗っているのですが、その後が問題なのです。机を抱えたまま椅子に腰を下ろすため、机が動いてしまうのです。せっかく目印に置いても、机の脚にズレが生じ、その結果として列が揃わないのです。

子どもの目線で教室を眺める

放課後、ぜひとも、子どもと同じ目線で机を揃えてみることをおすすめします。おそらく、子どもの椅子に座って目印に机を置いてみても、間違いなく机はズレてしまうでしょう。

ここで大切なのが、発想の転換です。「前」の目印がダメなら「後ろ」です。なんと、この方法、椅子に座ったまま机を操作できるのです。そして、机の後ろ脚を目印に乗せ終えても、机は動きません。教卓に移動して、教師目線で机を眺めてみると、列がきれいに揃っています。早速、この方法に変更して子どもたちにやらせてみると、ピタッと列が揃いました。

目印を後ろ脚に付け替えるだけで、教師が叱る必要がなくなりました。叱るのではなく、印の位置の工夫です。それだけで子どもたちの「結果」は変容します。子どもの目線を教師がもつことで、叱らなくてすむ学級環境が実現できます。

ロッカーや靴箱の名札などを可視化することでも、叱らなくてすむ環境は整います！

COLUMN

2

躊躇・慎重は叱るタイミングを逃す

授業中に特定の子どもを叱ると、クラスの雰囲気が一変します。他の子どもたちは口を閉じ、姿勢を正します。つまり、叱られていない子どもが気をつかい始めるのです。それはまるで、自分たちが叱られたような態度でもあります。

本来、授業中は学習に集中すべき時間ですが、教師の機嫌を損ねないようにと子どもたちは教師の顔色を窺い、貴重な学びの時間を無駄にすることになります。つまり、叱ることは、その場の雰囲気を悪くするだけではなく、学習の機会を奪ってしまうことにもなりかねません。

そうした場面が重なると、子どもたちは「先生のお説教で授業がつぶれる」と不満を抱き、保護者の耳にも入るようになります。やがて、ネガティブな評判が教師の知るところとなり、それをきっかけに叱ることに慎重になったり、躊躇してしまったりもします。

もちろん、子どもの学習時間を奪うことは本末転倒ですが、必要な叱りを必要なタイミングで行うことも重要です。その見極めこそが、教師の指導スキルとなります。真面目な教師ほどクラスの雰囲気が悪くなるのは自分の叱り方に原因があると受け止めて反省するため、叱り方が慎重になりがちですが、一方で、躊躇・慎重は叱るタイミンを逸し、結局は「叱らない＝子どもの成長を止めてしまう」ことも忘れてはいけません。

CHAPTER

3

ちゃんと
伝わる！

学校生活場面の叱り方

1

時間にルーズな子ども

今回はあと○秒だけ待つよ。次回は時間の通りだよ

●時間のルーズさを叱る前に、その時間を共有することで、教師は「長い」と感じなくなります。それが、冷静さを担保し、子どもが受け容れやすい言葉で叱れます。

一度付き合ってみる

行動が遅い子どもに対して、無意識に「早くしなさい」と叱りつけてしまうことはないでしょうか。教師は子どもの様子を見ながら「待ち」の態勢となるため、その時間は実際よりも長く感じてしまうものです。それがイラつきの要因ともなり、指導の語気も強くなってしまいます。

一方、子どもは、目の前のことに夢中で、そうした教師のイラつきを察知していないことがほとんどです。それがさらに教師の怒りを増幅させることになります。

「一緒に行動」でスピードアップ

行動が遅い子どもは、見守るのではなく、一緒に行動してみることがカギとなります。子どもと同じ状況を共有することで、時間が気にならなくなるのはもちろんのこと、事後を意識した指導ができるようになります。そして、「今日は許したけれど、次は時間通りだよ」と穏やかに伝え、許しを得たということを認識させます。

すると、子どもは恩義を感じ、反論せずに素直に約束を受け容れることができるのです。

時計を少しだけ進めておくと、スムーズに余裕をもって活動に入れます！

2

教師の指示に従わない子ども

説明をしています

●指導をしたら、立ち止まらずに通り過ぎるようにします。あっさり叱ることで、子どもは気が楽になり、すぐに行動を改めます。

自分に指示されたと実感させる

子どもが教師の指示に従わない理由は、①指示する教師を信頼していない、②指示を理解できていない、③納得できていない、④指示されたと思っていないの4つが挙げられます。①については、教師との人間関係、②と③は子どもの状況、④は学習環境によります。子どもは教師の指示にはなかなか従わないものですが、特に熱中していると耳に入りません。当事者意識がないことが根底にありますが、教師の伝え方にも問題があり、指示が自分に向けられているとは思っていないのです。

机間指導で短く指示を

教室では、教師は教卓から一斉に指示する機会が多くなりますが、この方法こそが子どもたちが当事者意識をもてない要因です。効果的なのは、子どもの机間を歩きながら指示するやり方で、机をトントンと叩き、注意力を喚起します。教師がそばに歩み寄ってくると緊張し、指示を聞こうとすることでしょう。その姿勢をつくらせることが、指示に従うという結果につながります。

指示をしたら、子どもに行動を改める機会をあたえるために、すぐにその場を通過します。そして、子どもが行動を改めたら、しっかりとほめてあげましょう。

指示の復唱で、定着がはかられます。声に出すことは自分に言い聞かせることになるからです！

3

挨拶や返事ができない子ども

○○さん！　おはよう！

●子どもが返事や挨拶をしなければ、教師が率先して見本を見せるようにしましょう。そして、「先生のほうが早いね！次はどっちが早いかな？」と仕掛けるように促します。

挨拶・返事の土台となるもの

挨拶や返事がしっかりとできるのは、心構え・準備ができているからです。例えば、夕方、自分の家に明かりが灯っているのを目にすれば、自然と歩みが早くなり、玄関のドアを開けながら、大きな声で「ただいま！」と言えるのです。これは、「待っている人がいる」という気付きによって、パッと心構えのスイッチが入ったことによります。また、間髪を容れずに「おかえり」と期待した返事が返ってくるだろうという心の準備もできているからこそ、挨拶・返事ができるのです。

名前を呼んで

ずばり、挨拶や返事ができない子どもは、心構え・準備ができていません。また、「挨拶をしない子」と評価されてしまうことで意欲が一気に下がり、どんどん億劫になってしまいます。

そこで、挨拶は、教師が子どもの名前を呼んでから行うことを心掛けましょう。ときには、「挨拶するよ」と予告して、下がってしまった気持ちをグイッと引き上げていくことも効果的です。また、返事については、「返事ができますか？」と疑問形にして語りかけたり、確認したりして、子どもの心構えと準備をサポートするようにします。

「挨拶したね！」「返事ができたね！」とほめながら確認すると、自覚が芽生えます！

4

乱暴な言葉をつかう子ども

（子ども「俺……」）**僕**
（子ども「俺が……」）**僕が**

●乱暴な言葉は険悪さを招きます。教師はゆっくりと穏やかに柔和な顔で丁寧な言葉に言い換えていきましょう。場の空気がやわらぎ、子どもは教師の丁寧な言葉を感じ取っていくようになります。

言葉＝心

高学年のトラブル対応。名前も知らない子どもから状況を聞き取っていくと、「俺が、俺が……」と言葉を荒げて収まりません。言葉は気持ちの表れです。乱暴な言葉をつかうと心は荒れていき、丁寧な言葉をつかうと心がやさしくなります。「俺」をつかえば、さらには「やってねえよ！」などとそれに続く言葉も粗野になっていきます。すかさず、「『俺』じゃない。『僕』でしょう！」と教師が厳しく訂正していけば、子どもの心は離れていってしまいます。

正しい言葉に教師が言い換える

子どもが「俺」と言ったら、やさしくゆっくりと「僕」と言い換えるようにしましょう。これを何度か繰り返すと、やがて子どもは「僕」と言うようになります。すると、後に続く言葉も丁寧になっていきます。また、言葉づかいが良くなったことをすぐに認めてほめると、顔つきも柔和になります。乱暴な言葉をつかう子どもは、きれいな言葉を知らないでつかっている可能性があります。子どもは大人の言葉を聞き取り、真似することで言葉を獲得していきます。それは小学生も同じです。教師が丁寧できれいな言葉づかいをすることで、それが子どもにも身についていくようになります。

例えば、「おれ」「やばい」など、語源に触れながら本来は不適切な言葉だと教える方法もあります！

5

すぐ教師に反抗する子ども

何があったの？

●気持ちを聞くとは、言い分を聞くということです。「なるほど」とそれを聞いている姿勢を見せていくことで、子どもは教師を「敵ではない」と理解し、反抗心が教師への依頼心へと変化していきます。

行為よりも気持ちに焦点を当てる

とかく教師は子どもの行為・結果に対してのみ指導を入れがちです。ましてや、トラブルやアクシデントとなれば、なおさらです。例えば、投げた石が跳ねて、そばにいた子どもの足に当たった状況において、「石を投げたら危ないでしょう」と正論だけで叱れば、「わざとやったのではない」と大きく抵抗されると同時に、「いつも自分だけが叱られる」と恨みが募り、さらに反発の態度をとらせてしまいます。行為にしか目を向けない教師の姿勢に失望する気持ちが、反抗の原因なのです。

「何があったの？」

特にトラブルやアクシデントが起きたときは、行為・結果だけではなく、子どもの気持ち（言い分）にフォーカスしていくことが重要です。そのためにも、まずは「何があったの？」と問いかけましょう。前述のケースにおける子どもの回答は、「木をねらったら、跳ねて足に当たった」でした。人に向かって投げたのではないことはもちろん、ケガをさせるつもりで投げたのではないことがわかります。丁寧に教師が聞き取り、理解を示したことで、素直に「うん」と頷く子ども。教師が自分の気持ちを受け容れてくれたと感じ取り、反抗心は鎮静化されました。

聞く姿勢をしっかり見せることで、子どもは安心し、教師に心を開いていく！

6

ルールを守らない子ども

本当はどうするの？

●ニアミスを見逃さず厳しく指導していくのではなく、体験を伴うかたちでルールの良さやルールを守ることの大切さを再確認させていくと、定着がはかられます。

ルールを守ることの良さを想起させる

教室内での移動は限られたスペースが前提となるため、子ども同士がぶつかったり、それによって机が動いてしまったりなど、ちょっとしたトラブルが絶えません。そのためにも、列ごとの移動や「教室は一方通行」などのルールがあるクラスが多いことでしょう。

しかし、ルールがあっても、実際にはぶつかってしまうものです。教卓に提出物を置いた後、身を翻したときなど、後ろの子が歩みを進めた瞬間に、ぶつかりそうになる場面は少なくありません。

ルールを守ることの良さを体感させる

教師が大きな声を出して、「危ない！」と言うのは簡単なことですが、ここで「戻るときは？」という言葉を投げかけ、子どもたちに「一方通行」などと答えさせることで、ルールを思い出させるようにします。さらに「今、どうしたの？」→「戻りました」、「それでどうなったの？」→「ぶつかりました」と流れを追いながら、ルールを守らなかったことでトラブルが発生し、自分に非があったことに気付かせていきます。最後に、「これからは」と言って、「一方通行します」とルールを口にさせてまとめます。「ルールを守ると良いことがある！」と体験を通して実感させていきましょう。

ルール確認は未来の安心・安全保障です。しっかり伝えて、理解を深めさせましょう！

7

嘘をつく子ども

言い分は認めるよ

●「言い訳」とは、言い逃れであり罪悪感を感じるものですが、「言い分」には正当性があり、聞いてもらえると、認められたと認識します。嘘をつき通す気持ちが萎え、教師の叱りが耳に入ります。

追い詰めると嘘がエスカレートする

A君からいきなり立てた親指を下に向けられ、とても嫌な気持ちになったと抗議する下級生。A君は「やっていない」の全面否定ですが、その場に居合わせた子どもたちも「やっていた」と言います。どうやら下級生の言うことが正しいようです。すると、「下級生が先にやったから、やり返しただけだ」と前言を翻し、やったことは認めながらも、悪いのは下級生だと自分の正当性を主張します。

言い分は聞いても、事実は認めない

A君の主張は、下級生だけではなく、友だちからも否定されてしまいました。嘘であることは明白です。ここで、まずは「ごめんね。A君の代わりに謝るからね。嫌な気持ちにさせて悪かったね」と下級生の心のケアが優先です。そして、下級生が納得したところで、嘘をつくA君の指導です。

大切なのは、「下級生が先にやって、君はやり返しただけということだよね。君の言い分は聞きました」とA君を否定しないこと。こう伝えることで、教師が見捨てていないことを認識し、聞く耳をもつようになります。そして、「君の言い分と事実は違うようです。どちらが正しいのかな？」と淡々と告げ、嘘をついたことをしっかりと受け止めさせるように導きます。

押さえるツボ

嘘を正すことよりも、嘘をつかれて困っている子どものケアを優先しよう！

8

忘れ物の多い子ども

○○を使いなさい。□□ができてよかったね！

●忘れ物をした子どもは、教師が道具を貸してくれることで、授業に参加できます。渡りに船となり教師に感謝するとともに、今後は教師との信頼関係のためにも忘れ物をしないと誓います。

叱りは困った状況を解消してから

忘れ物が多い子どもは、忘れたことによる学習場面での困り感・罪悪感が乏しくなっているのが問題です。その要因となっているのが、「してもらう」という体験の不足です。見放され、放置されることで、愛されているという実感、そこから芽生えるがんばろうという意欲が乏しくなります。

教師は、叱る前に、まずは「してあげます」で対応していきます。習字道具を忘れたときは、その子のために習字道具を貸し出しましょう。すると、「先生はここまでしてくれるんだ。自分を見放さない。味方になってくれる」と教師への信頼感や愛情を抱くようになります。

「してあげる」と返してくれる

子どもは、教師が見放したり、放置することなく、友だちと同じように学習できるようにしてくれたことを感謝し、「自分のために先生がそこまでしてくれた」と恩に着ることでしょう。そうした気持ちになれたことで、素直に叱りを受け容れる心の準備ができます。忘れ物は準備不足。「何で忘れたの？」は愚問です。「家のどこに置けばいいかな？」「いつ準備するといいかな？」と準備を想起させていきましょう。そのうえで、絶対に忘れない場所を確認し、それを保護者にも伝えてお願いします。

指導してしばらくは、前日に注意喚起をします。場合によっては、当日朝の電話対応も！

9

学校の物をよく壊す子ども

次に使う人は、
どう思うかな？

●彫った理由を聞くのは愚問です。「彫りたかった」と自分の気持ちを正当化させてしまうだけです。そうではなくて、再発防止に主眼を置いた指導こそが効果的です。

新品でなければ壊しても大丈夫!?

図工室で行う版画の授業。絵の具がついたり、釘を抜いた跡があるような机を目の前にすると、早く彫刻刀を使いたい子どもは、「こんな机なら試してもいいか〜」とつい彫ってしまうこともあるでしょう。新設校ならまだしも、学校にあるものは古かったり、傷んでいるものがたくさんあります。こうした学習環境が、子どもが物を壊したり、傷つけたりする要因の１つだと言えるかもしれません。

新品からイメージさせる

机を思いっきり彫刻刀で彫ってしまったＡ君。当初は平気な顔をしていましたが、友だちの驚きもあってか、叱られることを察しました。しかし、ここで「何やっているんだ！」はＮＧです。真新しい画板をＡ君の前に静かに置いて、「君はこの上で版画をしなさい」と穏やかに伝えましょう。「先程の画板は他の人が傷つけています。だけど、新品の画板に傷がついたら、君が最初にやったことになります。彫刻刀で彫っていいのは版画の板だけです」と言い、教卓に戻ります。

学校の物を壊したり、傷つけたりしがちな子どもには、あえて「新品」を提供しましょう。「君はこれを使いなさい」ときれいな状態を目にさせます。

「君が彫った机を新１年生に使わせたい？」と具体的なイメージからも心情に訴えます！

10

当番や係をサボる子ども

（叱らずに叱る）

●字が重なるという不自然さをあえて提示することで、サボったことに気付かせ、子ども自身に自分の仕事の重要さを認識させます。

目引き袖引き指導

授業が終わってすぐに、黒板係が板書を消さずに遊びに行ってしまいました。それを見た他の子どもが、気を利かせて消そうとしてくれたのですが、それを制し、「そのままにしておいて」と伝えます。そして、次の授業が始まります。黒板は前の時間の板書のままです。

そこで、黒板係は仕事をしなかったことに気付き、立ち上がって黒板を消そうとしますが、教師はそれを認めずに、学習問題を板書していきます。字が重なり、何を書いているのかが不明です。「読めない」「わからない」と子どもたちから不満が出ます。

無言の指導効果

子どもたちの不満の声をよそに、教師は板書を続けます。頑なな教師の態度に子どもたちは諦め顔になります。その間、黒板係はばつが悪そうな表情に。

しばらくして、教師は板書を半分だけ消します。すると、「きれい」と子どもが感嘆の声を漏らしました。板書を消す意味を子どもたちは再確認します。それと同時に、黒板係は、自分の仕事の重要さを認識しました。叱らずに叱るです。

係の仕事の代行はあえてやり残し、仕事を完結させる気持ちの良さも実感させよう！

COLUMN

3

傷つけてはいけないという気づかい

掃除の分担で雑巾がけとなった子どもがいました。膝を床に着け、黙って左右に雑巾を動かしています。まさに黙働し、一生懸命に取り組んでいるように見えました。しかし、よく見ると拭き残しがあります。拭き跡が重なるように雑巾を動かしていないからです。

真面目に一生懸命に雑巾がけに取り組んでいるだけに、教師としては、それを指摘しようかどうか迷うところではあります。実際、指摘することは否定することでもあるからです。そう考えると、子どもを傷つけてしまうのではないかと気づかう気持ちがふくらみ、どうしても改善よりも意欲を評価して、何も言わずに立ち去る選択をしてしまうこともあるでしょう。

ここで想定をしなければならないのは、もしも、掃除の振り返りの時間に、友だちがそのことを指摘したら、ということです。件の子どもは、そこではじめて拭き残しがあったことを知らされ、一生懸命に取り組んだことが一気に吹き飛んでしまいます。教師が気付いたときに、「重ねるように拭くといいよ」とさらりと指導すれば、友だちから指摘されることはないでしょう。

子どもの指導において迷う場面は当然ありますが、教師のちょっとした気づかいが、結果的に子どもの成長の機会を奪ってしまうこともあります。

CHAPTER

4

落ち着き・集中
を引き出す！

授業場面の叱り方

1

授業が始まっても席につかない子ども

（人差し指を口に当てて）**し～**

●1人だけ場違いな状況であることに驚く子ども。まずは、みんなと違うことに気付くことができるように導きましょう。自分が席についていないことを自覚し、音を立てないように着席しようとします。

沈黙が叱りとなる

授業が始まったのに、空席がありました。そこを指差し、座っている子どもたちにジェスチャーで「知っている？」と聞くと、子どもたちは声を発せずに首を捻ったり、手を横に振ったりします。

私のクラスでは、授業スタートの挨拶の代わりに20秒間の瞑想タイムを設けているのですが、不在の子どもが遅れて入室してきました。そして、ハッと驚いて顔を真っ赤にしながら立ち尽くしています。クラスの静寂さから、自分が浮いた存在であることに気付いたようです。ばつが悪そうに自席に向かいました。声を荒げて叱らなくても、子ども自身が自分で自分を叱ることになったのです。

自分で自分を叱責する

人は、「異質・孤立」を恐れます。そして、無意識にそれを回避しようとします。遅れて入ってきた子どもが、まさにそうでした。教師ではなく、教室の空気に叱責されたのです。

沈黙が最大の効果をもって、その子への叱りとなったのです。着席している友だち、ルールを守る集団の姿、きちんと整えられた状況などを目の当たりにすることによって、これからは友だちに迷惑をかけないように、みんなと同じようにルールを守ろうと、自分から改めていくようになります。

「次の時間は一緒に瞑想したいなあ」と教師の願いをメッセージとして伝えましょう！

2

おしゃべりが多い子ども

相手をするのはたいへんだね

●おしゃべりした子には、あえて声をかけずに背を向けると、子どもはかえって気になり、自分の行動を省みます。すぐに叱られたと重く受け止め、相手を巻き添えにしたことを反省します。

おしゃべりは教卓から叱らない

おしゃべりは一人ではできません。必ず、話しかけた子とその相手をさせられている子の存在があります。それに気付いた教師が教卓から叱りつけるような指導の場面が少なくありませんが、これだと真面目に授業を受けている子どもが叱られることになってしまったり、授業が大きく中断されたりしてしまいます。叱りは、該当者だけに限定することが肝心です。

おしゃべりの相手をさせられている子どもを救う

指導のアプローチとしては、まずはおしゃべりをしている一人のもとに行き、立ち止まると、私語はすぐに止みます。叱るとは、まずはその誤った行為を止めさせることです。

次のステップは、私語によってどんな不利益があったのかを知らせ、改めさせることです。あえて相手をさせられた子どもに話しかけ、「相手をするのは、たいへんだよね。これで授業に集中できるかな？」と確認します。一緒に叱られると思っていた子は、「先生は私を救ってくれたんだ」と気付くことでしょう。私語を断れなかったこと、学習権を奪われたことを教師が口にすることで、私語の「迷惑」を、おしゃべりを始めた子どもに気付かせ、反省させることができます。

起点となった子には、「相手をさせられた人が失ったものは何かな？」と問いかけてみましょう！

3

授業準備をいつもしていない子ども

○秒で取り組むよ

●子どもが取り組みやすいルール設定をして、子ども自身に気付かせ、修正をさせていく学習環境づくりをしていきましょう。怠けがちな子も、友だちの振る舞いが刺激となって自分の誤りを正します。

ゴールを示すだけでは身につかない

授業が終わり、子どもたちは使った教科書とノートを机の中に戻します。そして、次の準備をしていきます。そこまでできて、授業終了の挨拶。しかし、休み時間に机の上を見てみると、必ず一人や二人、準備ができていない子がいます。このとき、「準備は?!」「できていない！」などと厳しい口調で詰め寄ったところで、再び同じことは繰り返されてしまうでしょう。

子どもが取り組みやすいルール設定をする

授業終了後、次の授業準備ができた子どもから起立させていくルールを設けてみましょう。こうすることで、誰が準備できていて、誰ができていないかが一目瞭然です。また、準備ができていないにもかかわらず起立しようとしたり、出ていこうとする子がいれば、近くのちゃんとやっている子から指摘されることになるため、ごまかせません。一方で、友だちが起立すれば、「遅れたくない！　自分も早く準備しないと～」と子どもの負けず嫌いに火がついて自らを叱咤していきます。

ルールの中に、準備時間の設定も不可欠です。20秒程度が取り組みやすくおすすめです。タイマーが鳴ったら終了の挨拶をし、起立した子どもから休み時間とします。

準備する物を置く位置に印をつけ、それが見えなくなったら完了する方法も効果的です！

4

立ち歩く子ども

（実況中継する）

●教師がアナウンサーのように子どもの行動を言葉にしていくことで、子どもは自分の行為にハッと気付かされ、状況を客観視して、自席に戻ろうとします。自覚するから、改められます。

見守りながら理由を知る

授業が始まってほどなく、突然、身勝手に席を立ち、教室を立ち歩く子ども。ここで、「後ろに立っていなさい！」「すぐに席に着きなさい！」などと叱りつけたところで、その子がなぜそうした行動をとったのかを教師は知ることができません。何をするのか、しばらく様子を見てみましょう。

実況中継で「気付き」をあたえる

野球の素振りを始めた子ども。彼は少年野球チームに所属しており、頭の中は週末の試合で頭がいっぱいだったのでしょう。そのため、立ち歩いたのは無意識だったようです。そこで、素振りをしている自覚をもたせるために、実況中継を始めてみました。「第1球、打ちました。カキーン。打球はグングン伸びています。入りました。ホームラン、ホームラン」。一瞬、彼は何が起こったのかが理解できません。一方、周りの子どもたちは教師の対応を好意的に解釈し、笑いをこらえています。

叱りではなく、席に着かない様子をデフォルメしながら静かに解説していくことで、子どもを穏やかに授業へと引き戻していくことができます。子どもはばつが悪そうにしながらも、しかし、反省を見せて自席に着きました。

休み時間にも言葉かけをしたりして、反省の様子を見守ろう！

5

挙手や発言ができない子ども

○か？　×か？

●挙手や発言ができない子にはハードルを下げ、スモールステップで目標設定しながら、成功体験をさせていきます。できたら、「○」のサインを送ったり、小声で「やったね！」とエールを送りましょう。

多様な意見に触れられる機会を教師が積極的につくる

「挙手しない子」「発言しない子」がいるからといって、実際、迷惑をかけられる子どもはいません。しかし、彼らの意見を聞くことができないのは、多様な考えを知る機会を失うことになり、学びの大きな損失と言っても過言ではないでしょう。おとなしい子や恥ずかしがりの子の積極的な姿勢は、クラスを活性化させます。そして何よりも本人の自信となります。

二者択一で挙手→友だちの意見を参考に発言を促す

では、どのようにして挙手や発言をさせていくのか。まずは、「○か？　×か？」で二者択一の問題を出し、それをノートに書かせます。これなら直感でも決められます。理由はあとでも構いませんが、とにかく○か×かを書くことで自分の意見を固めさせることができます。そして、どちらを選んだかを挙手させていくのです。次に、選んだ理由をノートに書かせます。思い浮かばない子は白紙となりますが、それでもいいのです。一度、白紙の子を起立させて友だちの理由を聞かせ、納得した意見があったら着席をしたうえでそれをノートに書かせます。ここで、着席した子どもに「誰の意見に納得しましたか？」と聞き、それを復唱させれば発言もできたことになります。

授業終了時に「挙手できた人・発表できた人」と聞いて自信をつけさせましょう！

6

友だちの間違いをからかう子ども

あなたたちは とても立派です！

●直接的ではないものの、間接的な叱りとなって、悪いことをしたと強く実感させる指導法です。からかったり笑ったりしない態度をほめることで、間違った行いをした子の反省や後悔を引き出します。

叱りは伝播する

友だちの間違いを笑ったり、からかったりするようなケースでは、「間違った人の気持ちを考えてごらん」と相手の立場に立たせたり、「君は失敗しないの？」と自分自身を振り返らせたりと、揶揄した子に直接的な指導を行うことが定石です。しかし、ここで教師が忘れてはならないのが、ちゃんとできている子どもたちの存在です。該当する子どもだけを叱っているつもりでも、クラス全員がその厳しい指導を聞くことになり、叱りは伝播して、たちまち教室の雰囲気は重くなってしまいます。

ほめることは叱ることにつながる

このケースにおいて、からかった子は一人だけです。他の子どもたちは笑ったりせずに寛大な態度。そうした彼らの行為を評価しながら、伝わる指導へとつなげましょう。「あなたたちはとても立派です。人の失敗をからかったり笑ったりしないなんて、なんてステキな友だちなんだろう！」と賞賛すれば、教室にはあたたかい空気が広がることでしょう。同時に、それは、間違った行いをした子へも影響を及ぼします。間接的に自分が叱られていると自覚し、反省や後悔が促されていくのです。叱るべき行為を目にしたときこそ、できている子をほめることが、どの子にも納得感のある指導となります。

授業後、間違いに気付いたときの気持ちを聞いて、揶揄された子の思いに気付かせよう！

7

姿勢をくずしたり、手遊びする子ども

いい姿勢に見えるよ！

●「深く」と「つま先」を意識することで良い姿勢となり、維持できます。また、友だちの姿勢と自分の姿勢を見比べさせることで、良い姿勢ができていることが確認でき、満足感も得られます。

ないから姿勢が崩れ、あるから手遊びをする

姿勢の悪さも手遊びも、本人は無意識の行動です。実際、同じ姿勢を続けていれば疲れます。目の前に物があれば、さわりたくなります。言い換えると、疲れを想定した姿勢であったり、物がそこになかったりすれば、これらの問題は解決します。叱らなくてすむ環境をつくるのです。

正しさを導く習慣づくり

良い姿勢は、深く座って背骨を背もたれにつけます。疲れたら背もたれにもたれます。もたれても背もたれが上半身を保持してくれるので、他者にはその変化がわかりません。本人はリラックスしたまま、姿勢を正しているように見えます。膝は鋭角に曲げ、つま先を床につけます。そうすると、背筋が伸びていきます。

また、手遊びをさせないためには、実験道具など、子どもが関心を示しそうな物は机の上に置かないことをルールにします。仮に置いても、中身を出させません。そんなことをすれば、手遊びを奨励することになります。鉛筆など、常に机の上にあるものは所定の位置を決めます。使わないときはそこに置きます。これを習慣化させます。そうすることで、さわらないことを習慣化させます。

良い姿勢を写真で掲示すると、コツがつかみやすくなります！

8

授業をかき回す子ども

（目の表情をつかい、腕で「×」をする）

●教師が言葉を用いないノンバーバルの叱りで指導していくことで、自然と子どももその影響を受けて無言となり、勝手な発言で授業をかき回していく意欲を失います。

かき回しが意図するもの

社会科の授業で、県名の勉強をしていると、「知ってる！　行ったことがある！」と自慢気に不規則発言をする子どもがいます。周りの子どもたちは、「またか」というようにうんざり顔。ここで教師がすぐに反応して注意しようものなら、ますます自慢話はヒートアップします。「相手をしてもらった」というご褒美になっているからです。また、かき回すことで、自分に注目を集めたいという意図もあります。教師が無視して相手にしなければ、反応があるまで繰り返します。

無視はしないが相手はしない

かき回しを行う子に対しては、相手にしないことが基本です。ただし、それは子どもにとって無視されたこととなるため、「行ったことがある」を連呼します。そして「わかったよ」と応えると、子どもは聞いてもらえたと満足しますが、ここからが叱りの勝負です。間髪を容れずに、「以上！」と言い切り、この話題が終了であることをキッパリと伝えます。もしも、それでも話し続けたら、目を閉じて取り合う気がないことを表情で伝え、両腕で「×」をつくって「終了」であることをノンバーバルの叱りで気付かせます。教師の静かな指導の影響によって子どもはかき回す気力を失います。

休み時間にストップした話の続きを聞いてあげながら、「今度は休み時間に話してね」と伝える！

9

いつもやる気がない子ども

(しゃがんで、黙ったまま子どもを見つめる)

●子どもがハッと気付いて彫刻刀の箱に触れた瞬間に、教師は彫り始める箇所を指差してあげましょう。これが学習支援となって、子どものやる気に火がつきます。

本当にやる気がないのか

図画工作科の版画の授業で目にすることが多い彫刻刀を動かさない子の存在。下絵は描いてあり、あとは彫るだけ。その姿はやる気がないように見えます。しかし、やる気がないと思っているのは誰でしょうか。それは教師自身です。教師は自分が設定した期待値や子どもへの願いがあり、そこに到達していない状態を「やる気がない」と判断してしまいがちです。

空間的距離とやる気は比例する

やる気を促そうと「どうしたの」と気づかったり、「早く彫ろう」と明るく言葉をかけたりしていく方法もありますが、なかなか子どもの原動力につながらないのが常です。ここは、あえて声をかけずに、沈黙の時間をつくってみてください。すると、子どもはハッとして彫り始めます。教師の姿が子どもを現実に引き戻し、教師の沈黙が子ども自身で気持ちを整理する時間となったのです。しかし、再び手が止まることもままあるでしょう。そうしたときに効果的なのがレトリカル・クエスチョン（修辞疑問）です。「休み時間にやりますか？」と個別指導を提案すると、子どもは「授業中にやります」と答え、俄然スイッチが入ります。

やる気を引き出す問いかけとして、「先生は君に何をしてほしいと思っているかな？」も効果的！

10

宿題をやってこない子ども

どうしたらできるかな？

●できない時間帯を消去させていくと、できる時間帯が残っていきます。そして、「この時間なら取り組めそう！」と自分で決めさせることによって、自分事として捉えられるようにサポートしていきます。

許されることで、教師のためにがんばろうという気になる

宿題は家庭で取り組むものです。教師の目の届かない環境での行為を叱ったところで改善されません。終わったことよりも、これからです。その日の宿題忘れには目をつぶるのも得策です。子どもは、許してくれる人には恩返しをしようと思うようになるからです。

家庭学習の習慣を身につけさせる

宿題をやってこない子どもは、そもそも家庭学習の習慣が身についていません。厳しく叱ったところで一向に改善されないのは、そのためです。

家庭学習の習慣が身につくように、教師は「いつ」（例：帰宅したらすぐ）、「どこで」（例：リビングのテーブル）、「どれくらいやるのか」（例：○分＝目安は学年×10分）を質問し、子どもと一緒に決めていくようにしましょう。この3点は連絡帳に書かせるようにするのがポイントです。連絡帳は保護者も目を通すので、子ども・保護者・教師の三者で共通理解がはかれます。また、宿題が終わったら保護者に見せてサインをもらうルールにすると、保護者の宿題への関心が高まり、我が子の努力やがんばりを知ってもらう機会にもなります。

宿題が終わらなくても、時間が経過したらやめるように子どもに伝えます。できるよりもやることが大事です！

COLUMN

4

事なかれ主義が事を重大化させる

叱る指導を行うと、その後の子どもとの関係に気をつかったり、保護者からのクレーム対応に疲弊したりすることはままあります。そんなことになるくらいなら、「黙認してしまおう」「揉めごとにしたくない」などと、叱りを回避する考えも起きないではありません。同時に、できる限り責任を負いたくないという心理も見え隠れしないとも言えないでしょう。

子どもの問題行動を見逃し、叱ることから目を背ければ、ある種、平穏な日々は過ごせます。叱るストレスからも解放されます。しかし、一方では、言いたいことを我慢するジレンマに陥り、やがては教師としての未熟さを自分自身で痛感し、その「あり方」にも悩むことになります。

叱らないことは、問題の放置となります。同僚からは、無責任な行為と映り、指導力がない教師と烙印を押されます。それ以上に、子どもからは何をやっても叱らない教師と侮られ、問題行動が改善されないどころか、ますますエスカレートしてしまいます。保護者からは子どもを掌握できない担任と信頼を失います。

教師であればこそ、事なかれ主義は事を重大化させる、むしろ、事に向き合う勇気をもつことで、どの子も元気に過ごせるクラスに育っていくということをしっかりと押さえておきましょう。

CHAPTER

5

子どもも
納得！

友だち関係の叱り方

1

自己中心的な子ども

待っている友だちは ずっと待っていたいかな？

●「まだ～?!」と不満そうに言いながら順番待ちをしている子どもの声や様子に気付かせながら、他者意識がもてるように指導します。

自分事として考え、客観視させる

ブランコで遊んでいた子が、「A君が独り占めしてる」と不満を言ってきました。自己中心的とは、自分の満足を優先して他者意識がなく、人の思いが酌み取れません。ブランコを独り占めするA君が、まさにそうでした。自己中心的な子は、周りを見渡すのが苦手です。やっとブランコから降りたA君に、まず「何回並んだのかな？」と問いかけ、次に、「順番待ちをしていた人は何人いた？」と視点を他者へ転じさせます。いずれの問いにもA君は無言になるでしょうが、さらに、「もう1回乗るために順番待ちをするよね。そのとき、独り占めしている人がいたら、何て言いたい？」と自分事として考えさせます。自己中心的な子どもは、他者の思いを酌むのは苦手ですが、自分事なら考えることができます。そのためにも、客観視させる問いかけが必要となるのです。

五感をはたらかせる

気付きを得た子どもの答えが聞けたら、「次はそうしようね。乗る時間は待っている人の人数に合わせるといいよ」と周りの状況を見て、ブランコに乗る時間を調整するように言葉を添えます。目で人数を確認したり、耳で要望を聞くなど、五感で周りの様子を感じ取らせる癖をつけさせましょう。

「順番待ちのとき、どんな気持ちになる？」といった問いかけからも、自己中心＝自分を想起させてみましょう！

2

特定のグループの子としか交流しない子ども

とっても仲良しだね！

●まずは、特定のグループを容認することで、子どもたちに安心感をあたえましょう。そのうえで、他の子に目を向けるような気付きを引き出す言葉をかけます。

「仲良し」は認める

接する機会が多いほど、相手に対して好感を抱きやすくなるものです。心理学では単純接触効果と言いますが、子ども関係に見られる「特定のグループ」がまさにそれです。そうした場面を目にすれば、「他の人とも遊びなさいね」と言いたくなりますが、そこは一度抑えましょう。人はこれから手に入れられるものよりも、すでに持っているものを失う喪失感をより大きく感じるからです。

まずは「あなたたち三人は、とっても仲良しだね！」と認めて安心させると、教師の言葉が伝わりやすくなります。

チャンスでいざなう

子どもたちが安心感を抱いたところで、その他の子どもたちのほうへと視線を移しましょう。そして、「ほら見てごらん。あなたたちには、あと三十人と仲良くなれるチャンスがあるよ！」「まずは誰と遊んでみたいか、思い浮かべてごらん」と力強く投げかけます。子どもたちは顔を見合わせて躊躇しながらも、教師の「三十人」を聞いて、他の子とも仲良くしてほしいと思っていることに気付きます。視線を上げた瞬間、「思い浮かべた友だちとも遊んでみたら」と背中を押してあげましょう。

教師の言葉かけに対する子どもたちの目の動きや表情を丁寧に捉えていこう！

3

集団行動を嫌がる子ども

お願いがあるんだけれど！

●途中から遊びに加われるように段取りをつけ、受け入れ体制を整えておきましょう。他の子どもたちも、その子が加わることを心待ちするようになります。

「お願い」できっかけづくり

集団行動よりも一人を好む子は、一人でいても平気だという子がほとんどです。教師は、どうしてもクラスのみんなと一緒に活動することを望みがちですが、当の本人は、一人でいることに困っていません。そうした子どもの思いも理解して指導することが大切です。そのうえで、ときには、クラスの子どもたち全員が1つになって楽しさを共有していく時間をつくっていくことも必要です。

そうしたときに有効なのが、「お願い」です。例えば、昼休み、一人で読書しているAさんに、「お願いがあるんだ。今、みんながオニごっこをしているんだけれど、誰が一番楽しそうにしていたか教えてくれないかな～」とさり気なく伝えていく方法です。「一緒に遊びなさい」と言外にメッセージを込めてはいても、子どもはそのこと自体には気付きません。

事前のフォローでワクワクを共有

このとき、あらかじめ、遊びの中心となる子に、「あとでAさんが来るから、どっちのチームになるか決めておいてね」と頼んでおくようにします。Aさんが校庭に出たらすぐに遊びの輪に入り、クラスみんなで一緒に楽しむことを体感させていきます。

遊んで帰ってきたら、教師から「どうだった？」と感想を求めましょう！

4

友だちの持ち物にいたずらをする子ども

なるほど！

●いたずらをした理由を言わせるのではなく、「ごめんなさい」以外の言葉で償いの言葉を考えさせましょう。いたずらをされた子の気持ちをしっかりと思いやるように仕向けます。

比較することで気付きを引き出す

大好きなキャラクターを描いたお絵描き帳に、いたずらされたという訴えがありました。見ると、そのキャラクターの顔に、油性ペンでヒゲやツノなどが描き足されています。やった子どもは軽い気持ちのようですが、やられた子は自分の大切な物を台無しにされたショックでうなだれています。

いたずらをした子には罪悪感がないこともあって、相手の悲しさが理解できていません。厳しく叱りつけたいところですが、ここは「なるほど」と一度受け止めましょう。そして、「本当はこんな絵だよ」とキャラクターを目の前に広げます。そこではじめて、自分の行為を振り返るのです。

いたずらの重さとともに相手の気持ちを慮らせる

いたずらをした子への指導では、やってしまった理由を問うことよりも、取り返しのつかない行為の重さとともに、された子の気持ちを丁寧に思いやるように導くことが重要です。「この絵を描くのに30分もかかったそうだよ。一生懸命に取り組んだ大事な時間だよね。そんな大切な絵を、いや、心を、君は台無しにしたね」と落書きをされた子どもの気持ちを代弁します。自分の行いがいたずらではすまされないものだと理解させるとともに、相手の子への謝罪の気持ちをグッと引き出します。

日頃から、いたずらの事例を挙げて、取り返しのつかないことがあると指導していこう！

5

悪口や陰口を言う子ども

スッキリしたかな？

●子どもたちから悪口を聞くときは、教師は目をつぶり、ロダンの「考える人」のようなポーズをとって、否定ではなく、理解しようと努めていることを示しましょう。

悪口・陰口を言う子の心情に寄り添う

「悪口を言ってはいけないよ」と諫めたところで、「だって」から始まる教師への反発とともに、悪口や陰口をさらに募らせてしまうことはままあります。そこでおすすめしたいのが、「傾聴」です。

悪口・陰口を言う子どもの心情として、誰かに聞いてほしいという共感、一緒に言い合うことで自分だけの不満ではないという同調意識があります。そこに寄り添い、叱責という厳しい指導ではなく、「もう一度言って？」と言葉をかけながらガス抜きをさせるように聴いていきます。

傾聴で「聴す（ゆるす）」

叱られると覚悟していたところでの、教師からの「もう一度言って？」には躊躇することでしょう。それでも、口にしていいんだと確信した子は饒舌になります。「ふうん」「そうなんだ」と否定も肯定もせずに聞き続け、子どもが言い尽くしたところで、「スッキリしたかな？」と問いかけます。人の悪口・陰口は後味の悪さを伴うものです。子どもの表情には何とも言えない複雑さが表れているはずです。そうした変化が見られたところで、「君の不満は先生が聞くから、悪口を言い合うのではなく、先生に聞かせてね」と受け皿になることを伝えます。傾聴の「聴」は、「聴す（ゆるす）」とも読みます。

悪口・陰口を言うことは、自分の評判を落とすデメリットがあることも教えよう！

6

勉強や運動が苦手な子をバカにする子ども

人をバカにするのは、いじめです！

●バカにされた子には、しゃがんで励ますように対応します。一方、バカにした子には、見下ろすように立って叱るようにします。強い威圧が、「いじめ」は絶対に許さないことを示します。

守るべきはバカにされた子

「テストの点数が低い」「走るのが遅い」というのは事実です。バカにした子は、本当のことを言っただけなので、罪悪感が乏しく、その意識が希薄なのです。

しかし、言われた子にとっては、それは言葉の暴力以外の何ものでもありません。心理的な影響を受けるということでは、まさに「いじめ」です。叱りの基準でもっとも優先順位の高い「命」に当たり、教師が真っ先に行うべきことは、バカにされた子どもを守ることです。「点数が上がったね」という進歩、「前よりも上手になったね」という上達などを挙げながら、「先生は君の味方だよ」「いつも応援しているよ」というメッセージを伝えながら、安心感を抱かせるように心のケアを優先します。

Iメッセージで毅然と伝える

次は、バカにした子への対応です。「君の行為は、明らかにいじめだ」と毅然と伝えます。そして、「いじめは人の心を壊します」と諭しながら、そうした行為が及ぼす影響や結果を具体的な事例とともに教えます。また、バカにされた子の心情を代弁することも不可欠です。「先生がそんなことを言われたら、とっても傷付く。絶対に言われたくない言葉です」とIメッセージで伝えましょう。

バカにする子は、バカにされた経験があることが多いので、しっかり耳を傾けよう！

7

仲間外しをする子ども

みんなやめたがっているよ！

●人は集団に属することで安心感をもちます。言い分を聞いた後で、「みんな、仲間外しをやめたがっているよ」と「みんな」を強調しながら伝え、むしろ自分が仲間から外れていることに気付かせます。

翻意させられる子を見極めて優先順位を決める

仲間外しは、三人以上のグループで起こります。発覚したところで、やめるように叱っても事態が変わるどころか、仲間外し同士の結束を強め、いじめへとエスカレートしていくことでしょう。

ここで重要なのが、誰から指導していくのかという順番です。その最初は、追従している子。彼らの心情に仲間外しを「やめたい」という気持ちが多少なりともあることによりますが、それを主張すると「次は自分が仲間外れにあう」という怖れがあるため、教師は「必ず味方になること」「必ず守ること」を約束しながら話すことが鉄則です。いきなり本丸ではなく外堀から埋めていくのです。

孤立が自分であることに気付かせる

いよいよ、中心となっている子への指導です。「すでに、AさんとBさんとは話をしました」と前置きし、仲間外しのことを暗に知らせるようにします。そして、言い分を聞きますが、このとき、仲間外しを責めると自分の身を守ろうとするため、そこには触れないようにします。「AさんもBさんも、仲間外しをやめたいと思っているよ。でも、ある理由で困っていたなあ」と伝えます。仲間の結束が損なわれていることを知って動揺するとともに、自分が孤立していることにはたと気付きます。

追従していた子にはこれまで以上に声をかけ、守られていると安心させましょう！

8

友だちにすぐ暴力をふるう子ども

暴力はダメ！

●教師が割って入り、暴力をやめさせたことで、周りの子どもたちは何かあったら教師が守ってくれるという安心感を抱きます。同時に、「話を聞く」で言い分も聞いてもらえることを伝えます。

暴力をふるわれている子どもを守る

暴力には人を屈服させ、従わせる力があります。また、それによって相手をコントロールできるようになるため、暴力をふるう人の心を満たします。この満足感には限度がありません。一度の暴力が、さらなる暴力を引き起こします。子どもの暴力を目にしたら、真っ先に両者の間に割って入り、やめさせなければなりません。そして、すぐに「痛かったでしょう。ケガはないかな？」と大きな声で暴力をふるわれている子を思いやり、ケアをしていきます。このとき、教師は暴力をふるっている子どもに対しては背を向けるようにします。顔には感情が出ますが、背中からはそれが見えないために、暴力をふるった子にとっては冷たい壁のように見え、暴力をやめさせる気持ちを引き出す効果があります。同時に、「あなたには注目していない」ということも示すことができます。

ボディアクションで教師の強い意志を示す

暴力をふるわれた子のケアが落ち着いたところで、振り返って両手を広げ、背後の子を守る意志を示します。そして、暴力をふるった子の目を凝視して、「暴力はダメ！」「理由は聞く！」と暴力を認めない、認められないことを宣言しながら、一方的な責めを負わせないことも伝えるようにします。

言葉で問題を解決する方法が選択できることを教えていきましょう！

9

力関係で弱い子に威圧的に振る舞う子ども

困ったんだよね！

●頭ごなしに叱ったところで、根本は解決されず、その後も目が届かないところで威圧を強めるだけです。威圧的な言動自体を叱るのではなく、相手をフォローする言葉を具体的に教えていきましょう。

威圧的な振る舞いを起こす心理

断定的で脅迫的な物言いは、相手を傷付け、不快にさせます。荒い言葉づかいは、「きつく言われた」と受け止める側の心をくじけさせます。睨みつけるような視線は、相手を萎縮させ、普段の実力を発揮できないようにさせてしまいます。こうした行為には、自信がないことを悟られないようにする心理、自分を大きく見せようという心理が働いています。また、威圧する相手は選ばれています。自分が優位に立てる相手です。反対に、自分よりも優位な子どもの前ではそんな気配は見せません。

威圧的な言葉をやわらかな言葉に変換する

例えば、「ふざけんなよ」と言葉を荒げたときは、「納得できないんだよね」と言葉を変えて理解を示します。「だって」と言えば、「困ったんだよね」と言い換えます。子どもの発する威圧的な言葉を、やわらかな言葉に置き換えて返していくのです。教師が自分の言動を受け容れてくれる言葉を耳にすることで、子どもは心を開いていきます。そして、そのやわらかな言葉を口にして、威圧的な言葉をつかわなくなります。叱るよりも穏やかな対応で、相手が受け容れやすい表現を提示していくことで、子どもは変容します。やさしい言葉をつかうと、やさしくなれるのです。

威圧した子どもへの教師の対応が手本となります。全員の子の目を意識しましょう！

10

SNSで友だちに嫌がらせをする子ども

これは世界中の人が目にするんだよ！

●教師自身のスマホを提示しながら、SNSの既読数や「いいね」の数を見せ、SNSの情報は簡単に拡散できて、多くの人が目にすることを教えていきます。

情報モラルとメディア・リテラシーを育む

ＳＮＳ上で嫌がらせをしたと訴えられた子どもがいました。そのスマホ画面を見てみると、そこには、「一緒に来なくてもいいのに、うざいっ！　何で来るの💢」とあります。明らかに、文面からは拒否、絵文字からは不満が感じられます。それは送ったほうの感情ですが、受け取ったほうは嫌がらせと受け取りました。送った子にその理由を聞いたうえで、受け取った子の解釈を伝えます。読み手が拡散したら不特定多数が知ることになり、回りまわって自分自身が害されることになります。

ＳＮＳの活用はさまざまなポジティブな側面がある一方、子ども同士の関係に大きな影響を及ぼす起因ともなっている点で、情報モラル教育の充実は小学校においても非常に重要な喫緊の課題です。

画面から消えてもＳＮＳ上では一生消えない

言葉は画面上からは消えますが、書いたものは消えません。拡散されたものは訂正・削除したところでオンライン上には残り続けます。本人の意志とは関係なく世界中の人が触れ、知れわたることになるのです。小学校の子どもともなれば深く考えずに投稿したのでしょうが、将来の汚点ともなりかねません。一時の鬱憤晴らしが、自分の人生を台無しにし、後々の自分崩しになることを教えます。

事の重大さをきちんと理解させることで、正しく積極的な活用を後押ししよう！

おわりに

最後までお読みくださり、ありがとうございました。「これなら叱り方で悩まなくてすむ」「子どもたちへの指導に活かせそう」と思っていただけたでしょうか。

子どもの成長を願って一生懸命に叱っても、予想以上の反発を受けたり、まったく行動を改めようとしなかったりする状況に陥ってしまえば、たとえ教師であっても、どうしても感情的になって、「何で言うことを聞かないのだろう！」と無用な叱りばかりを重ねてしまうことでしょう。そして、感情はさらにエキサイトし、叱りがさらなる叱りを招いて、その結果、当初の子どもの成長は何ら望めずに、教師ばかりが虚しくなってしまいます。

もしも、教師が叱ったときに子どもが反発してきたら、一度立ち止まり、叱る指導がマッチしていないのだと捉えてみてください。そして、まずは「ゆるす」と心の中で宣言し、「今のやり方」を潔く捨てることです。

本書で紹介した叱り方は、子どもに寄り添いながら聴き、聴（ゆる）すというコンセプトによるものです。そこには、私自身が四十年以上もの教師生活の中で培い、自信と確信を得てきた「ぶつからない、戦わない指導」が根底にあります。本書を参考に、ぜひ、毎日の教室の中で活用していただければ幸いです。

子どもたちの元気いっぱいの声にあふれた教室になることを願って！

最後に、学陽書房様には執筆の機会を賜り感謝申し上げます。上梓できたのは懇切丁寧な助言をくださった編集者の皆さんのおかげです。重ねて御礼申し上げます。

二〇二三年九月

城ヶ﨑 滋雄

著者紹介 **城ヶ﨑滋雄**（じょうがさき しげお）

大学を卒業後、千葉県公立小学校教諭となる。

不登校専科を経験することで子ども観が変わり、「ぶつからない指導法」を実践するようになった。さらに、大学院の修士課程で道徳を専攻し、ぶつからない指導法の有効性を理論的にも裏付けた。

現在は、ぶつからない叱り方で「子どもが動く」をテーマにしている。

教育雑誌『OF』『Popy f』（いずれも新学社）で若い教師や保護者にアドバイスを行ったり、学研教室の先生向けの月刊誌『Smile』で塾の先生の悩みに答えたりしている。

著書に、『クラスがみるみる落ち着く教師のすごい指導法！』『学級崩壊の原因はそこだった！ 気にならない子を気にとめる、見落とさない指導法！』（以上、学陽書房）など多数。


教師3年目までに身につけたい！

子どもが動く叱り方のルール

2023年10月12日　初版発行

著者　城ヶ﨑滋雄（じょうがさきしげお）

ブックデザイン　スタジオダンク
イラスト　すぎやまえみこ
発行者　佐久間重嘉
発行所　株式会社 学陽書房
東京都千代田区飯田橋1-9-3　〒102-0072
営業部　TEL 03-3261-1111　編集部　TEL 03-3261-1112
FAX 03-5211-3300　FAX 03-5211-3301
DTP制作・印刷　加藤文明社
製本　東京美術紙工

ISBN978-4-313-65496-9　C0037

学陽書房の好評既刊！

クラスがみるみる落ち着く
教師のすごい指導法！

城ヶ﨑滋雄 著
◎ A5判128頁　定価1870円（10%税込）

「熱心に指導しているつもりなのに、いつも子どもたちからの反発を招いてしまう」「一生懸命に指導すればするほど、クラスが荒れていく気がする」……そんな先生たちの「不安」や「悩み」に応える本！ 子どもたちの反発を生まず、クラスに落ち着きを取り戻していく効果的かつ具体的な指導法を紹介！ 荒れたクラスを立て直してきた著者による確かな実践！

学級崩壊の原因はそこだった！
「気にならない子」を
気にとめる、
見落とさない指導法！

城ヶ﨑滋雄 著
◎ A5判128頁　定価1980円（10%税込）

これまで数多くの荒れた学級の再生に力を尽くして成功をおさめ、また、困難校のサポートに奔走する著者が、「一生懸命にクラスをまとめようとしているのに、うまくいかないのは、なぜ？」に答えながら、クラスの立て直し方、まとめ方、そして、子どもたち１人ひとりへの声かけやフォローの仕方など、具体的な指導法を身近な事例とともに紹介。